U0604287

瓷器与浙江

陈万里 著

九州出版社

图书在版编目（CIP）数据

瓷器与浙江 / 陈万里著. -- 北京 ：九州出版社，2020.12

　　ISBN 978-7-5225-0827-6

Ⅰ．①瓷⋯ Ⅱ．①陈⋯ Ⅲ．①青瓷(考古)－研究－浙江 Ⅳ．①K878.54

中国版本图书馆CIP数据核字(2022)第031187号

瓷器与浙江

作　　者	陈万里
策划统筹	李黎明
责任编辑	张艳玲
封面设计	吕彦秋
出版发行	九州出版社
地　　址	北京市西城区阜外大街甲 35 号（100037）
发行电话	（010）68992190/3/5/6
网　　址	www.jiuzhoupress.com
印　　刷	北京捷迅佳彩印刷有限公司
开　　本	880 毫米 ×1230 毫米　32 开
印　　张	9
字　　数	186 千字
版　　次	2023 年 6 月第 1 版
印　　次	2023 年 6 月第 1 次印刷
书　　号	ISBN 978-7-5225-0827-6
定　　价	88.00 元

出版说明

　　《瓷器与浙江》为我国现代享誉世界的陶瓷专家、故宫博物院研究员陈万里先生所著，1946年中华书局出版，本次出版即以此版为底本，繁体转简体;《中国青瓷史略》以1956年上海人民出版社的版本为底本；附录图片出自1937年中华书局出版发行的《越器图录》。因为是名家名作，本次出版只订正文字错讹，对原著语言风格、人名、地名等均保留原貌。 特此说明，请读者注意。

九州出版社

目　录

瓷器与浙江

瓷器与浙江

罗序

"万里永远在趣味中生活着的。"凡是认识陈万里先生这个人的应该不会否认这句话。

我同万里厮熟差不多快三十年了。据我所稔知的，在民八以前他的兴趣专注在昆曲皮黄；民八到民十二便转向于摄影；自从民十三远征敦煌，考古的兴趣就一天比一天浓厚起来。我听见他字正腔圆的摹仿过汪大头、谭叫天；我看见他扮演过《问探》里身手矫健的探子，和《搜山打车》里老态龙钟忠心耿耿的程济，我欣赏过《大风集》里独具一格的艺术影片；我曾陪他到西安城北的未央宫遗址去寻找过汉瓦，也曾陪他在苏州护龙街蹀来蹀去地摸索古玩，又在杭州湖山喜雨台听古董估客的说长论短。总之这二十几年里他的兴趣虽然有变更，但无时无地不把他的生命浸润在趣味中。而这本《瓷器与浙江》便是他最近十年里生活趣味的结晶。

就我自己的治学经验来讲，学问和兴趣是不能打成两截的。假如愁眉苦脸地整天埋头伏案或精神萧索地去旅行调查，我敢保这位先生的研究成绩一定有限。万里最近十年内，在不耽误正业的情况下整个把他的兴趣寄托在浙瓷研究。在这期间，他曾到过八次龙泉，七次绍兴，每次都是兴趣盎然地搜求他的对象。因为他从研究的立场出发，所以尽管跑了老远路，只得到一块碎片或发现一个窑基，他都欢天喜地快活不已，这种态度岂是只认得龙泉梅子青的古董商人或玩客所能梦见的？

这本小书，虽然是浩劫之余，在转徙流离中写成的，然而在我看来，却有几点不可磨灭的贡献：

第一，专以浙瓷作研究范围的，万里的《越器图录》和这本小书在国人中称得起是开创的著作。

第二，关于吴越钱氏贡瓷的年代，他根据《十国春秋》推溯到唐朝的宝大元年；又从绍兴古城圹随着元和五年唐户部侍郎北海王府君（叔文）夫人墓志砖出土的越器断定浙瓷的时代。这比日人小山富士夫《青瓷考》所得的结果精细多了。

第三，他在龙泉以外发现大窑、竹口、枫堂、新亭各处的窑基，又轰动杭市搜罗余姚上林湖的碎片和绍兴九岩窑的晋器，打破昔日仅仅以龙泉窑代表浙江古代瓷器的谬见，这的确是对于认识浙江瓷器方面的一大进步。

第四，他能独具只眼注意到图案花纹的研究，证实了有唐末叶五代以迄北宋初期的绘画作风，并从浮雕着的狮，镂空的花草，找出浙瓷和后代雕瓷、镂花、开光种种不同制作的关系，这在考古学和艺术史上是何等的灼见！

第五，关于秘色瓷的解释，一洗从前《陶说》、《陶录》[①]和《杭州府志》、《余姚县志》的旧说，认为"这一种进御的青色，不能与一般民间所用的相比拟，就给他一个秘色的名称"。这也

---

① 指《景德镇陶录》。

是发前人所未发的地方。

第六，从九岩窑发现的永康、元康、永和几块晋砖，断定了附带着出土的瓷器年代，几乎给多年不能解决的缥瓷问题找到了线索，在考古学上是很值得注意的。

第七，在道泰东窑发现画像而兼有文字之碗片，为东西洋论瓷专著所未道及，实占龙泉青窑史重要的一页。

第八，提出哥瓷所在地和所谓"百坂碎""紫口铁足"究作何状等问题，并于坳底窑所见之碎片找出哥窑与杭州乌龟山官窑之关系，确为多年不能解答的积疑，找出了新曙光。

以上所提出的几点不过是就我阅览所及任意撷拾的，可是单就这几点来说，假如我称赞这本书是中国瓷器研究上的不朽之作，有识的人应该不会讥我阿其所好吧？

万里以个人独力积十年精神金钱所搜罗的标本碎片，一次沦陷于杭州，再度被炸于松坑口，在浩劫之余，留此片影，以自怡悦，并为浙江青瓷研究作一导乎先路的拓荒者。在旁人禁不住的伤痛追忆中，兴趣仍然充溢于字里行间，谁能不承认"万里永远在趣味中生活着"？

三十三年九月有事于陪都，承诗荃、万里两老友约来新桥小休两日，并劳楚珍署长殷勤招待。夜雨话旧之暇，复得披览此书一通，因抒其所感以就正于万里，并以质诸当代之研究瓷器者。

三十三年九一八纪念
北平罗常培谨序于重庆新桥健庐

自序

　　《瓷器与浙江》三十年十一月出版，我即离浙西行，因是曾有"将离方岩，此书方出版，十载流寓，其将以此为我所贡献于浙江者耶，我不敢知！"诸语，题之自存小册，以为纪念。

　　来渝后，卜居乡间，索然寡欢；回忆前尘，不尽感慨。复题"众意我欲杀，千秋某在斯，偶读汤若士文章引霍林句，题此小册，狂也可知"数语于册首，自负虽可笑，确有难为外人道者原因在也。

　　及至敌骑二次流窜浙东，浙赣沿线各县，相继沦陷。《瓷器与浙江》之印存金华者，悉成灰烬，而我在此四五年间所搜集之龙泉瓷片标本，亦同罹浩劫。消息传来，烦懑之情，自有不能遏抑者。

　　在渝旧雨，则以我之兴趣寄托于古瓷之研究者至浓，再接再厉，责在吾辈；并以我之十年尝试，对于浙江古瓷之发见，不无有若干之影响，使能继续前修，或可为研究中国古代陶瓷方面，辟一新园地，扩一新境界也。友人之责望既如此，我又何敢终于烦懑而不自振作耶？

　　因将《瓷器与浙江》重为排比，内容亦略有增损，付印问

世，赏鉴考古，均不敢承，惟以一得之见，聊供好瓷者之谈助
而已。

三十三年五月陈万里在巴渝新桥

《青瓷之调查及研究》第一集引言

　　龙泉青瓷的调查，当初在我原不过是在一个偶值的机缘之下所附带的工作，可是到了龙泉，往大窑、八都去走走，着实引起我不少的兴趣。有时还因一时的感慨，鼓舞起来的勇气，竟不自度量地想在这方面有点贡献，其实正可以说是等于痴人的说梦。然而事情就这样开始了。回到杭州我就写了一篇调查报告，登载在《浙江民政月刊》第十七期（民十七年十月一日）。其时老友罗莘田兄在广州中山大学，又把这篇报告刊载于《国立中山大学语言历史研究所周刊》第四集第四十八期（民十七年九月廿六日）。

　　自此以后，我因致力于别一方面的事业，把这一件龙泉青瓷的调查及研究，差不多就这样搁置不问了好几年，同时时贤所致力的"考古"事业，我亦以为殆将与我绝缘，所以不复有此调查及研究之兴趣。自然，第一次在龙泉时所得到的感慨，所鼓舞起来的一点勇气，也就慢慢地冷淡而消沉下去。

　　可是事情真不能逆料的！我从去年夏天起，对于研究龙泉青瓷的意志，竟会复燃起来。当时所得到的感慨，比之第一次在龙泉时所得到的还要强烈，因而所鼓舞起来的勇气，也要比之先前增加得多，于是就促成我第二次龙泉之行。

第二次实地所经验的结果，虽说还是很少，却是对于第一次的报告，颇有所修正。不仅如此，未来的问题，亦就愈觉着多起来了，而所要设想得到龙泉青瓷的结论，反觉着渺茫得很。因此种种感想，在我脑海里回环往复，不能自已的缘故，于是我之研究兴趣，益发浓厚起来，准备着在将来有第三次、第四次之实地调查。

其次摆在我面前的，有尚待研究的南宋官窑。同时余姚窑也成了我所要研究的对象，而宝石山后晋永康冢墓中所发现的明器，又是一个研究缥瓷的绝好材料。此外所要调查及研究的问题，真是多得很。惟其如此，青瓷的研究范围扩大，有系统的结论更不容易在短时间里能够得到一个轮廓。何况不学如我，曷敢有此奢望！所以就想到第一步应当先行搜集调查材料，以资研究。至于第二步之论断，那是以后的事。同时友好中想要看我调查报告及日记的，都怂恿我付印。反正我是确定了我的记述，原不过一种粗浅没有经过检选的材料，预备贡献给当代学者为整个青瓷发展史的参考，因此我就这样大胆地把不成熟而其间尽有先后自己矛盾地方的东西，发表出来。后有所得，当继续刊布第二集、第三集，以就正高明，这是我所企望而愿意努力的。

（二十四年三月二日）

越器之史的研究

　　越州窑器关于史的搜讨，是一极有兴趣的工作，日人小山富士夫氏近著《支那青磁史稿》，就《宋会要》历代朝贡部分，得到吴越钱氏于开宝、太平兴国年间所贡进瓷器的明确记载是：

　　开宝六年二月十二日……钱惟濬贡……金棱秘色瓷器百五十事……

　　开宝九年六月四日……钱惟治贡……瓷器万一千事，内千事银棱……

　　太平兴国二年三月三日……俶进……金釦越器二百事……

　　太平兴国三年四月二日……俶进……瓷器五万事……金釦瓷器百五十事……

　　可是钱氏之入贡瓷器，就史实所明示吾们的，不始于开宝年间之贡宋，而始于同光二年（吴越宝大元年）之贡唐。依据《十国春秋》的话，武肃、文穆、忠献各代都有此入贡瓷器的记录。如：

卷七十七·吴越一·武肃王世家上

宝大元年之秋九月，王遣使钱询贡唐方物，银器、越绫、吴绫及龙凤衣、丝鞋屐子，又进万寿节金器、盘龙凤锦织成红罗縠袍袄衫段、秘色瓷器、银装花榈木厨子、金排方盘龙带御衣、白龙瑙红地龙凤锦被、藤龙凤箱等……

卷七十九·吴越三·文穆王世家

清泰二年……九月王贡唐锦绮五百、连金花食器二千两、金棱秘色瓷器二百事……

卷八十·吴越四·忠献王世家

天福七年……十一月，王遣使贡晋铤银五千两，绢五千匹，丝一万两，谢封国王恩；又进细甲、银弩、箭、扇子等物；又贡苏木二万斤、干姜三万斤，茶二万五千斤，及秘色瓷器、鞋履、细酒、糟姜、细纸等物。

在钱俶（忠懿王）纳土前后时代所贡于宋的是：
卷八十二·吴越六·忠懿王世家下

开宝二年秋八月，宋遣使至，赐王生辰礼物并御衣红袍一副、金锁甲一副及驰马百头。是时王贡秘色窑器于宋。（钱氏有国日供奉之物，不得臣庶下用，故曰秘色，又云越州烧进。）

太平兴国……八年……秋八月，王遣世子惟濬贡宋帝白龙脑香一百斤、金银陶器五百事。（《吴越备史》卷四·太平兴国七年……秋八月二十三日遣使赐王生辰礼物，翌日王遣世子惟濬贡上白龙脑香一百斤、金银陶器五百事，银二万两、黄金一千两。疑为同一记载，一书太平八年，一书七年耳。）

论曰……常读宋两朝供奉录，中间称忠懿王入贡，如赭黄犀、龙凤龟鱼、仙人鳖、山宝树等物，及通犀带七十余条，皆希世之宝；而金饰玳瑁器至一千五百余事，水晶玛瑙玉器至四千余事，珊瑚十高三尺五寸，金银饰陶器一十四万余事，金银饰龙凤船舟二百艘，银装器械七十万事，白龙脑二百余斤，玉带二丈，紫金狮子带一，金九万五千余两，银一百二十万两，锦绮色锦以万万计……

卷八十三·吴越七·列传·钱惟治

……王还，令惟治入贡。惟治私献涂金银香狮子、香鹿、凤鹤、孔雀、宝装鬃合、釦金瓷器万事，吴缭绫千匹。（按即《宋会要》所记载的开宝九年六月四日之入贡，又与《宋史》卷四百八十·列传·吴越钱氏……钱惟治篇记载相同。）

在《宋史》卷四百八十《列传·世家三·吴越钱氏》中，

钱俶有一段关于太平三年朝宋时贡进的详细记录，内中所称之越器五万事，及金釦瓷器百五十事，也就是《宋会要》所记载的。兹为录出如次：

太宗即位，加食邑五千户。俶贡御衣，通天犀带，绢万匹，金器，瑇瑁器百余事，金银釦器五百事……三年三月来朝……俶贡白金五万两，钱万万，绢十万匹，绫二万匹，绵十万，屯茶十万斤，建茶万斤，干姜万斤，越器五万事，锦缘席千，金银画舫三，银饰龙舟四，金饰乌楠木御食案、御床各一，金樽罍盏斝各一，金饰瑇瑁器三十事，金釦藤盘二，金釦雕象俎十，银假果树十事，翠毛真珠花三丛，七宝饰食案十，银樽罍十，盏斝副焉，金釦越器百五十事，雕银俎五十，密假果、剪罗花各二十树，银釦大盘十，银装鼓二七，宝饰胡琴、五弦筝各四，银饰箜篌方响羯鼓各四，红牙乐器二十二事，乳香万斤，犀角象牙各一百株，香药万斤，苏木万斤……

此外见于《十国春秋》各书里面，如忠献王开运三年之贡晋，忠懿王显德五年四月七日、八月十一日之贡周，乾德元年、三年、开宝五年之贡宋，虽没有翔实的记录，可是武肃、文穆之贡唐，及忠献天福七年之贡晋，都有秘色瓷器，自然在这几次贡进里面，吾们可以想到，也有秘色瓷器在内。

至钱氏本身则《十国春秋》、《新五代史》及《吴越备史》均称武肃王节俭……常膳惟瓷漆器……云云。大概此处所称之瓷器，没有用金棱或金釦的，而且究之史实，秘色瓷器有金棱，越器则金釦，否则通称秘色瓷器、金银饰陶器、釦金瓷器、越器等等，并没有金棱越器及金釦秘色瓷器的话，那末金棱与釦金恐怕还有点分别。假使是这样的推测，越器可称陶器，亦可称为瓷器。不过在当时为什么有时称瓷器，有时称陶器的情形？究竟瓷之与陶，是否在当时多少有点分别，还是一而二二而一的名称，似乎有一个问题在内。同时秘色瓷器与越器在当时所贡进的，是否也是一而二二而一的名称，这在历史上不能给予吾们以明确的解释。

就现在记载所诏示吾们的，忠懿王在太平三年所贡之越器有五万事，而《十国春秋》依据宋两朝供奉录所称忠懿王入贡金银饰陶器一十四万事。依此两则看来，是越器之在当时，其生产量之大，可以想见。因此吾人可以推想到两点情形：

（一）是需要大量生产，当然烧窑的地方，不止限局一隅，其范围自必甚广。现在就上林湖周围数十里内所发见碎片的情景看来，可以证明当时窑业之兴盛，实为供应此种巨额之需要的关系。

（二）是忠懿当时既然"喜以器服珍奇为献，不可胜数"（见《新五代史·吴越世家》）是需要此大量越器之生产，毫无疑义。当国者有此需要，即无供应臣庶用之余地，那末所谓臣庶不得用者，或者在当时确实已无可以供给臣庶之用的生产量，臣庶也就不得用了。

由此第二点的推想，我还觉得所谓供奉之物不得臣下用者，或是一个事实。因为史实所告诉吾人的有这样的记载："俶……益以乘舆服玩为献，制作精巧。每修贡，必列于庭，焚香而后遣之。"（见《续资治通鉴》）"……所上乘舆、服物器玩，制作精妙，每遣使修贡必罗列于庭，焚香再拜，其恭谨如此。"（见《宋史·钱俶列传》）自然不论所谓秘色窑器、越器、金银饰陶器、金釦越器等等器物，凡是贡进的瓷器，第一，一定制作精妙，所以吾人现在看到的碎片，是有种种的图案与型式，为别种青瓷所见不到的。如此制作精妙之器物，岂是臣庶所得使用！第二，修贡以前要焚香再拜，那么的慎重，为的是恭谨事宋，自然如此名贵贡进之器物，臣庶禁用，可以断定。不过因为"供奉之物不得臣下用"的关系，所以称为秘色，这句话恐怕还是问题。

最后蜀王建报朱梁信物金棱碗所说之"金棱含宝碗之光，秘色抱青瓷之响"，可以肯定的说当然是越州所烧进之秘色瓷器，也就是钱氏贡进所称之金棱秘色瓷器。同时钱氏奉梁正朔，也许就是钱氏所贡于朱梁的，因为武肃、文穆嗣后贡唐方物亦有秘色瓷器及金棱秘色瓷器的原故。

（二十四年五月）

《越器图录》序言

　　越器是什么，在从前没有人说起过，也没有人去研究过。沪杭甬铁路自鄞县修筑到曹娥江边的那个时候，的确出土过好些越器，然而市场上群以元瓷目之。元瓷，吾们深知道是向不为一般鉴赏家所注意的东西，因此当时所出土的越器，也不为一般人所重视，就这样四散了。

　　去年自二三月以来，余姚上林湖的碎瓷片，居然在杭州市场上发现，其原因确实不是偶然的。一则龙泉碎瓷片，经过了我尽力收集以后，渐渐儿所谓"破碗爿也有翻身日"的俗语，由一种讥讽的口吻，转到诧异惊骇的心理，从此破碗爿就在这样一种情状之下，会有人附和着我而受到了人们的顾问。其次，最初去搬来的动机，多少受了我一点暗示（详见拙著《湖滨陶话》），后来竟有欧美的考古者，托人到杭州来搜集碎片，古董买卖里面的人，自然在"破碗爿也有翻身日"的活气之下，欣欣然见了碎片，比之一切不相干的瓷器，着实要看重些。于是一班跑乡下去收货的古董小贩，你去余姚，我去慈溪，就这样川流不息地采集着。上林湖三个字，在喜雨台的古董茶会上，几几乎是无人不知哪个不晓的一个最簇新最流行的名词；自然，提起上林湖，人们就会联想到破碗爿，由破碗爿而联想到可以卖一两块钱的营业。最后十元数十元一块破爿也有，这是破碗爿市价的顶高点，有了这样一个翻身日，才能维持整个儿一年的不景气的杭州古董局面。

究竟上林湖所来的破碗爿是怎样的呢？论其质，自然有粗细的不同，论其色，也有种种深浅的各异，而我所视为最名贵并且值得吾人研究的是许多许多异样的图案画。

图案画，在三代铜器上面，从前人很是漠视，最近有人花费了许多时间来研究，实在是一件最有兴趣的工作。汉代的铜镜以及武梁祠等等的汉画，都是吾们祖先所遗留下来的宝物，在这宝物上面，保存着多样的图案，为一种可以代表着各个时代的产物。

说到瓷器，本来是沿着陶器改进的一条路线而产生发展。在铜器上，在砖石上，当时已经有了很繁缛的画图来做装饰。而陶器所表现的，还是带着一种素朴的色彩，虽则在史前的彩陶上面，已经可以找到种种的图案，可是史后的陶器，反而趋向单纯，不事彩饰。及至汉代，吾们才晓得陶器的本身上，有了绿釉，而起线置环等等装饰，纯然是模仿铜器的式样，嗣后由陶而瓷，最初为载籍所记述的就是所谓晋之缥瓷。然而缥瓷上所有的图案是怎样，吾人无从加以推测，因为根本上所谓缥瓷也者，是一个未经解答的难题。

唐代作品，在北方出土得较多，吾们由此可以窥见其式样与图案，是受到了种种外来的影响，起了一个很大的转变，可是比之以后的定，繁简之间，还是差得很远。那末究竟由唐而递衍到宋的定器，中间经过五代的变乱，虽则就史的时间上说是一个短短的时间，而柴窑，而秘色，已久矣夫为典籍所称道，自然在这一个关键里面，是很值得吾们注意的。

现在我之所谓越器，就是在这个时期中一种惊人的产物。以器皿言，种类之繁多，式样之奇妙，固足以使你见之咋舌，而图案花纹之复杂，就中国瓷器发达史上说，我可以断定是一种空前的制作。你看，有了相对的蝴蝶、鹦鹉、凤凰，就有花间舒翼的小鸟、云中飞翔的白鹤。有了从写实的经验所得到的可以画着委婉的泥鳅，或是一幅鱼乐图来点缀一只小碗，就有凭借想象来一条在海水里翻腾着的神龙，布满了一件盘洗。有的是在四周围以荷叶，荷花四朵，含苞欲放，中有一翠鸟，作飞鸣势，确是绝妙一幅装饰图案画。有的是秋葵海棠，刻划各尽其致。有的是蝶恋花的小品，虽则是寥寥的一点玩意儿，都会使你沉醉于一种诗情画意的境界，因此对于如此简单的图案，就能立刻感到十二分的满足。有的在盘底里面画着江涛汹涌，象征着一个钱塘江的天堑，是何等的雄伟阔大！有的是在一个小小的盒盖上画满了牡丹花，一方面充分显露出一个富丽堂皇的图案，以这样圆熟的技巧，来完成这个使命；而另一方面也就反映出吾们祖先是具有这样伟大的胸襟，深厚的魄力，造就成功一种雍容华贵的作品。此外，破碎的瓶碗上，可以见到写意的人物画。本来吾人对于古代的绘画，所谓顾恺之、吴道子等等仅能凭着一点文字的记载来想象，来揣测，来悬拟，而最可靠的凭据，还是从敦煌千佛洞以及新疆所出土的壁画并绢画发见以后，才能确实证明一个真的面目。现在越器上所给予吾们的，虽则是几片残余的画面，已经足够拿来证实了有唐末叶五代以迄北宋初期这一个时代里的作风。这在考古学上、艺术史上，该有多少重要的意义与价值！

其次，越器上面以荷花瓣的装饰，制成种种形式的器皿。技巧不必说，只就这一种单纯的意想，要尽量推演变化到这样一种程度，当时先人设想力的丰富，使吾们千载下的子孙看到，应该要有怎样的兴奋！

除此，还有浮雕着的狮，镂空着的花草，以及方才所说的一小幅画着人物的式样，就是开辟了后来所谓雕瓷镂花开光种种不同的制作，这又分明是在单单讲到图案画的一点以外，却是借着这个机会，做到了一步启后的工作。

然而为什么越器会有这样的许多式样与图案？这个解答，是不难的。吾人从历史的研究，知道当时钱氏之在吴越，有他雄厚的势力，而在争霸的局势之下，武肃、文穆、忠献、忠懿几代，一贯的树起了一个保境安民的旗帜，所以对于逐鹿中原而得到最后胜利的都肯向之进朝贡，奉正朔。后来忠懿之事赵宋，尤其来得恭谨。越器就在这样所谓贡金棱秘色瓷器若干事，金釦越器若干事，瓷器金釦瓷器越器若干事等史实诏示吾们的记载之下，大量地生产了。一方面需要供进之数量多，一方面又因供进之物品，必须穷极精巧，臣庶不得应用，自然越器之制作，有了这样一层的关系，就在式样上、图案上力求其精妙，而在造瓷史上，就造成了一个空前的重要阶段。

嗣后忠懿归宋，不复需要此巨量越器之贡进，益以赵宋诸帝力戒奢侈，禁用金饰，恐怕越器就以这种情况而衰落下去。

本来越器之大量生产，以及可以做到这样的精妙，是完全由于吴越王的促进，以后衰落，又是完全受到政治的关系。而在应用方面，既然仅仅用之于进贡，不是普遍推行之于民众，自然整器之流落在人间的很少。何况是经过了长期的历史，受尽了不少天灾人祸，整器之寥落，可以想见。同时正因其在当时大量生产的关系，所以一经发现窑址，就有多量碎片之发现，而精妙碎片之所以独多者，亦即上述越器之烧造，几等于钱氏御窑的作用。

从以上种种观察，吾们现既断定越器之在造瓷史上有这样光荣的事实，吾们就应该尽量的搜集着种种不同图案画的碎片，贡献给一般好古而有志于复兴中华瓷业同志们的研究，因此我就这样大胆地为此艰巨工作的尝试。范围纯以碎片上所见之图案画为限，什之一则取之于整器。至于器皿的式样，不在这一本编辑图录体裁之内。我还希望在不久的将来，可以另编一册专集出版，这是以后的事，暂且不去说她。我以为先编一集图案，是必要的。

图录的内容，照片与摹画并见，因为照片所不易得到清晰的结果，或有匆促间借自友人的碎片，只有假手于摹画之一法。摹画的弊病，在于摹拟刻划，而实物线条上，所有原来刚劲或是柔和的趣味，或者多少要丧失一点，不过这一层我想是无害的。至于碎片的来源，除我自己所保存的以外，借自友朋的约有十之二三。照片大都自己摄取，摹画则尽出之陈蕴文女士。女士专习美术，故摹画的结果，在我个人很放心得过去，在此要感谢她帮助我的成功。最后我更要提及高欣木先生，因为他不但介绍给中华书局，使得这本图录有出版的机会，而且费了他很宝贵的时间，为我作序，以介绍于国人，同时青社序文（俞）、英宾（汪）、竞清（吴）、佐卿（胡）、赓飏（赵）诸同志的鞭策与激励，使我非常惭愧，一并在此致我无限感谢的诚意。

（二十五年一月十八日）

瓷器与浙江

浙江造瓷之见于记载的，在晋曰缥，在唐曰越，曰秘色，曰婺州，在宋曰哥，曰龙泉，曰修内司官窑，曰郊台下新窑，还有所谓象山窑等等名称。

就以往的情形说，龙泉瓷器，最负盛名。然而上至鉴赏收藏之士大夫，下至辗转贩卖之古董行商，亦只晓得"龙泉"两个字；并且谈到龙泉，舍"梅子青"三字外，又别无可说。见闻之陋，眼光之小，真是十足表示出生在一个闭关时代的颟顸样子。

最近数年来，由于郊台下新窑的发见，由于"龙泉"两个字已不足以赅括各地的出品，而另又发现了大窑、竹口、枫堂、新亭各处的窑基（见拙著《青瓷之调查及研究》第一集）。由于余姚上林湖附近出土碎片的轰动在杭州市场，于是一般人方才大梦初醒，晓得在浙江有如许多的窑口，有如许多可以宝贵的古代遗物，打破昔日仅仅以龙泉窑代表浙江古代瓷器的谬见，这的确是对于认识浙江瓷器方面的一个大进步。

其实，不只这一点，余姚上林湖的越器，以五代钱氏的倡导，为了屡屡供奉底目的而大量生产（见拙著《越器之史的研究》），由此关系，使得越器的制作，在中国瓷器史上做到了一步空前启后的工作（见拙著《越器图录》序）。前乎此者，在技巧上说，没有像它那样精致成熟；图案方面，也没有像它那样繁复，因此越器之在中国瓷器史上，有它烂灿的一页，也就可以说浙江造瓷之于中国瓷器史上，是占据了极光荣的地位。

嗣后龙泉崛起，由早期的制作一直到了明代，不仅是充分供给了民间的需要，而且因为外输的关系，使得浙江龙泉瓷器的声誉远播国外。最近由于龙泉各处窑基的发现，晓得当时生产数量的可惊，以及造瓷技巧的进步。此外在南宋偏安的局面之下，产生了郊台官窑的最精美最名贵的作品。这在中国瓷器史上，实在开辟了南方制作官窑的一个新的纪元。

因为有了越器，有了龙泉，有了南宋官窑，浙江的造瓷，可以说是到达了黄金时代。在北方之所谓邢、定、钧、汝、磁各窑，固然都很有名，可是究竟北方胜过了南方，还是南方胜过了北方，实在不容易分别出高下来。就以北方的邢器说，虽则到现在还没有发现邢瓷的窑基，可以见到邢瓷的真相，然而在当时的品评，已有邢不如越之说。定器花纹极繁缛，可与五代时之越器相抗。南宋修内司官窑（邵成章所主者尚未发现其窑基）及郊台新窑，据说都是沿袭旧京遗制，应与汴梁的制作，不能有什么分别。总之在此数百年间，南北两方面，确实是分道扬镳，各显身手。北方以河北、河南为中心，南方却独在浙江。其他各窑之在别省的，只能算是浙江的附庸。因此一来，浙江的造瓷，不仅是在中国瓷器史上有一页光荣的地位，我可以大胆地肯定说，浙江的造瓷，是跟着北方的造瓷，平分占据了这一个时期的历史。所以如其不谈史实则已，要讲的话，浙江的造瓷，在已往的历史方面是极重要的。

从此，吾们向来只晓得所谓柴、汝、官、哥、定五大窑的一句老套底话，是根本打破了。并且由此五大窑的一句话里，把浙江的造瓷向来是被抹煞了的，也由此有了翻身之日。

可是最近事实还告诉吾们说，浙江的造瓷，不只是争得了这一点在历史上的地位与光荣，而未来的新的发见，却一天一天地增加起来，例如绍兴九岩窑、庙下窑窑基的发现：因为漓渚项里古圹的开发，黄龙、太康、元康砖以及元和墓志砖等等的实物，证明了九岩窑余姚越器的年代。我于湖州、金华等处，又找到了好几处窑基，这些，都是极重要的事。不晓得要在已往的浙江造瓷史上开拓出多少奇迹！

所以综起来说，浙江的造瓷，经过了近年来不断地种种发见以后，一方面是证实了它在瓷器史上的重要性，同时因为许多新的窑基、新的证明，又是方兴未艾地陆续发现出来，仿佛是一个未经开采的矿，蕴藏着多少富源，留待吾人之努力。我很希望以研究为目的的同志们，不要轻轻放过这一个千载难逢的机会！

（二十五年十一月）

《唐代越器专集》引言

　　唐瓷之在浙江而最负盛名的曰越，越瓷类玉，类冰，而色青，这是陆羽《茶经》里的话。至于陆龟蒙诗所谓"九秋风露越窑开，夺得千峰翠色来"，那是早已为谈瓷者所称道了。可是究竟唐代的越器是怎样的，谁都不能予以肯定的答复！即使十之八九揣想起来，可以假定为五代以前的东西，然而要拿出凭据来，谁又没法可以证明！

　　本来就上林湖瓷器的史底发达来观察，天然在钱氏当国的时候，大量地生产，而且发展到这样一个阶段，决不是一件偶然的事。换句话说，就是五代以前——唐——上林湖附近地方的造瓷，已经到了成熟的时期，可以断言。不过这是一个假定的话，究竟缺少一个文字的证明。

　　前年在慈溪鹤鸣场出了一块长庆三年的瓷墓志，从此可以考定上林湖方面的造瓷底年代，至少可以看出长庆那时候出品的样子，这是一个有力的证据。只是那块墓志的制作，还嫌粗，究竟那时候的瓷器，是否要较为精良些，那又不敢断定了。

　　最近绍兴各乡发见古圹很多，漓渚项里各处，并有黄龙、太康砖发现。在古城的一个圹里，竟有一块墓志砖，证明是唐户部侍郎北海王府君（叔文）夫人之墓，同时出土的物件，有越器——上林湖出品——小嘴长柄壶两把，盘二，一素一有花纹，圆盒小水池（？）各一，均完好，撇口花插（？）一，上部已破碎，铜镜一（裂而为二），铜洗一，亦复破损。墓志砖上有唐元和五年年号，本来唐墓志砖是不为一般鉴赏家所重视的，然而出土在南方，并因墓志砖上的年号，足以证明圹里所出土的物件底时代，自然就考古学的见地说是极有价值的了。

元和五年早于长庆三年计十四年，瓷墓志所表示的当时唐瓷底情形，现在证以元和五年圹里的实物，晓得早于长庆三年十四年以前的元和五年，已有这样优美的制作，那末长庆三年时的情形，就无须依据着那块瓷墓志来证明了。本来要是认定以瓷墓志之瓷，才足以证实了当时造瓷的情状，反以元和五年圹里的实物，还不够当作有力的证据，这实在是一句呆话。假使再要说圹里的实物上面没有年号，仅仅一块墓志砖之元和五年为未足，那更是笨拙得可笑。在张叔未《清仪阁题跋》里，曾经记载着发见唐周文遂墓志砖的一段故事。他说："海昌城中教场头有人发古墓，墓前土中，先得瓷器数件，继得一铁版，启版得一方砖，砖下又一砖，即墓志也。发时系夜间，铁版误堕，瓷尽碎，而圹团团不可破，遂止发云"云云，可见唐代的圹里有墓砖，有瓷器，瓷的实物，就以墓志砖的年代而判明了造瓷的年代，这是最明显的事。从这一点看来，自然古城圹里的实物，有了这一块元和五年的墓志砖，而肯定了它的时代。砖与器，可谓相得益彰。再进一步说，昔之致疑于长庆三年时瓷的制作，今则可以恍然大悟，不复再有什么怀疑了。那末古城圹里墓志砖以及瓷器的发见，较之鹤鸣场一块瓷版的发见，不是更显得重要了么？

至于墓志砖的内容，亦显着有相当的价值，因为王叔文在当时不是一个平凡的户部侍郎，他是山阴人，先以待诏受知于太子（贞元十九年），及至太子即位（即顺宗永贞元年），植党营私，权倾一时，柳宗元、刘禹锡，都是他的死友。由苏州司功参军拜起居郎、翰林学士，又为度支、盐铁转运副使，户部侍郎，嗣后以母丧去位。太子监国（即宪宗）贬叔文为渝州司户，后即赐死（见《通鉴》《新唐书》）。叔文在朝弄权，前后虽只数年，然而"永贞之际，几乱天下"（元稹《上疏论谏职》中语）。可见他的确不是一个平凡的户部侍郎了。他死于元和元年，他的夫人死于元和五年，已经相隔有四年了。圹中实物，因为是赐死的家庭，所以仅此寥寥数件。然而就此仅有的实物来研究当时造瓷的进展，就技巧上说，确乎已经到了成熟的时期。壶的式样，在古朴拙素里面，显出一种玲珑而优秀的作风，就是小小的一个嘴，也要制成多角的形式，有此装点，壶的全部就显见得不平凡了。弯柄固然也是唐代瓷器独创的风格，然而不觉着粗笨，反而细劲得有力量。盘的花纹已由简单的图案而渐趋于繁复，这真是过渡到绚烂时代——五代——的一个重要的前期。盘口上起一点凹点，以及盘的背面有几条陷痕，这分明是代表着唐代的一种风尚。水池虽则是小品，而四角起四条凸起的脚，式样新颖。花插由铜器嬗变下来，撇口的制作，极优美而不涉于纤巧。再说到釉的话，"晶莹润澈"四字，可以概括之。薄的地方，已经坚结黏着，不易剥蚀。吾们看到永康、太康圹里的实物，同时看看五代时候精美的作品，就晓得在这时期中形成了一架桥梁的过渡产物，那就是现在元和圹里所见到的物品。惟其有了元和五年的这一块砖，才证实了这一个形成一架桥梁的过渡产物底庐山真面目，否则仅能予以一个假定的说法，谁能确实以证明之呢？

古城圹的情形，我于十月二十日曾去调查过。古城离柯桥约十五里，船去须经湖塘，在七尺庙斜对面折入小港，约行一里即是。王叔文夫人之墓在山里，离古城村约两里来路，墓地面积不甚宽广，至有花纹之残砖尚多遗存，可以拾得。

今以圹里所存各物，摄制影片，编成专集，印刷流传。唐代越器之真相，从此为天下人所共见，这在考古学术方面算是一点小小儿底贡献。

（二十五年十二月）

《中国陶瓷史》与《景德镇瓷业史》的批评

　　吾国谈瓷之书，虽则有几部，但是笼统转载，往往人云亦云，并无独创之见。自然，《饮流斋说瓷》要算是其中最详赡的一部，不过讲到陶瓷史，还是没有人敢着笔。以数千年陶瓷著称的中华，竟没有一部陶瓷史，实在是一件可耻的事！去年冬天商务出了一本《中国陶瓷史》，中华出了一本《景德镇瓷业史》，该是一件值得喜欢的事罢，因此我个人对于著者，表示万分的敬仰与钦佩。

　　正因为具有热烈喜悦的情绪底关系，所以看完了这两本书以后，觉得有些可以商榷的地方，就毫不迟疑地贡献出一点意见。

　　第一我要说及的是商务出版的《中国陶瓷史》。我觉得它的分章以时代为经，所谓唐虞时代，夏商周时代等等，其结果是把陶瓷本身上进化的迹象，强行分割，勉为隶属，反而显得没有组织，缺乏系统。固然为排比原有的材料起见，用这个方法，最便当而不费气力。可是一方面就会觉着著者之对于旧有材料，没有经过一番融会的功夫，也就是因为没有经过这一番功夫的关系，所以使得内容方面显示着杂凑与堆砌的缺点。质而言之，可以说是少抉择，少剪裁，随手拈来，自然会发见许多的毛病。

就本书第一章所谓原始时代说，所参考的图书，仅仅是《史记》《吕氏春秋》《列仙传》《陶说》《景德镇陶录》《中国艺术史概论》，以及戴岳译的《中国美术》，日本平凡社出版的《世界美术全集》别卷陶瓷篇，几种极平常简单的书籍，把最近十余年来所发见，而在考古学上极有关系的先民陶器，如在甘肃，如在河南，以及在山东城子崖各处，已有许多详细的报告，都忽略过去，一无征引，这是一个大大的疏漏。因此在这第一章里，不只是显见材料枯窘，史的叙述，史的论断，也显得没有力量，缺乏正确的观念。

最近绍兴出土古陶瓷，证明为三国孙吴及西晋物品，大可补正第五章所谓"考之史册，陶瓷之业，除一二例外者外似无多大之进展"的错误，希望于本书再版时，尽量搜集材料。

讲到瓷，讲到釉（第四章），只是引证了日人今田谨吾所著的《陶器之鉴赏》，上田恭辅的《支那陶瓷之时代的研究》，以及盐田力藏的《陶瓷文明之本质》，忽略了好几本重要的著述。

第七章隋唐时代，仅就已有材料排比成章，别无新颖见解，其实洛阳冢墓中所出土之明器，见于近人之著述的甚多，著者似可尽量采入，以期内容充实。越器虽为近二年来所发现，或者为著者所未见，顾已喧传宇内，而可信之实物，亦复到处可以遇到，那末仅仅以已往载籍上所记述的几句话就不够了。最近四川大邑窑物品，发见亦多，本书再版时，大可尽量加入。

五代时候余姚窑所烧造的物品，在吾国陶瓷史上应该占有最重要的一页，可是本书所叙述的只是转载一点旧书本上所说的话，这是一个大缺点。本来这本书的最大毛病，就是采取几本陈旧的瓷书里底内容，因袭着已往的传说，作为正确的史料，几几乎成了一种变相的类书，不是一部陶瓷史。以下明清两代的编制，都是应用了这一个方法，当然人家说得错误的依然也就错误下去，自己没有一点判断能力底表现。至于参考欧美人的著作，只是 W.G.Galland 氏之 *Chinese Porcelain*，及 R.L.Hobson 之 *A Catalogue of Chinese Pottery and Porcelin in the David Collection* 两本，实在太显得贫乏了。这一层当然不能完全责备著者，因为国内图书馆里藏着欧美人所著底陶瓷书，实在不多。同时个人的力量，又是万难可以罗致着很多名贵的书籍，因此参考书不能有许多，这是难怪的，不过要想写成一部陶瓷史，非多参考不可。

第二谈到中华出版的《景德镇瓷业史》，它是以景德镇为骨干，可是景德镇的瓷业怎样勃兴起来的，于是有一编的总论，讲述一点中国陶瓷的演进，中国几处产生陶瓷的地方，以及有名的几个窑口，再说到景德镇所处的地位，如此叙述，就觉得事有本末。虽则编制里面，对于取舍材料，还不十分谨严，可是并不感到囫囵吞枣、丝毫没有控制材料的能力，这是一个极大的优点。各地的名窑，以省区来归纳，眉目自较仅仅抄袭旧说排列为清楚。总论里对于瓷器之制造法，以景德镇之制瓷为主，因为这是一部景德镇的瓷业史。由此我就联想到国人最初的制陶方法如何？嗣后陶器进步了，火候已经加高，表面已经施釉，当时之方法又如何？及至最后，完全成为瓷器了，制法方面有何改进？凡此许多进化的史实，应有一充分的记载，这是著述中国陶瓷史的重要底责任。现在中华的一本书里，讲述了一点景德镇的制瓷方法，不能不说是这一本的另一优点。以后几篇里，就材料方面说，可说是很赅博，因为要晓得当时为什么瓷业可以兴盛起来，不能不就当时的政治、习尚，当时的对外贸易，钩稽爬梳出来一点史实。本来有许多材料都是散见在各种书籍里面，不只是陶瓷为然，所以要是你没有这一番功夫播种下去，那末可贵的材料，不会很容易地跑到你手边来的。还有，有了材料，你会有本领去应用，你会有眼光去判断，你会有能力去选择，这是最要紧的事。这本书里，显出材料的安排，颇有着落，这也是本书优点之一。至于衰落的原因，当然多方面的，著者一一为之叙述出来，最后并附以各种实际的调查，而著者所引用参考的书目，远过于《中国陶瓷史》搜集之勤，是值得钦佩的。

总之，以两本书比较起来，自然《中国陶瓷史》，不能不说是失败的。不过，尝试为成功之母，有了这一次的失败，才能有将来成功的希望。著者不要灰心，我盼望他们两个人——因为这本书是两个人合著的——能够在本书再版的时候，给我们读者一个新的面目。

（二十九年五月）

越窑与秘色瓷

越窑与秘色瓷，到底是怎样一个说法，到今天还是不容易解答。吾们就《余姚县志》、《文房肆考》（按《肆考》卷三所记越州窑、秘色两则，分别为他书所转录）、《陶说》、《陶录》、《杭州府志》几部书籍里面所载的，可以抄录出一些关于越窑与秘色瓷的材料。

一、《余姚县志》卷六·物产·秘色瓷

嘉靖《余姚县志》……上林湖，唐宋时置官监窑，寻废。《六研斋笔记》，南宋时余姚有秘色瓷，粗朴而耐久，今人率以官窑目之。《谈荟》，吴越时越窑愈精，谓之秘色，即所谓柴窑也。或云柴世宗时始进御云。《负暄杂录》，秘色窑器，世言钱氏有国日，越州烧进，民间不得用，故云秘。陆龟蒙诗云："九秋风露越窑开，夺得千峰翠色来，好向中宵盛沆瀣，共嵇中散斗遗杯。"乃知唐世已有，非始于钱氏。

二、《陶录》

（一）越窑

越州所烧，始唐代。即今浙江绍兴府，在隋唐曰越州，瓷色青，著美一时。《茶经》云："碗，越州为上，其瓷类玉，类冰，青而益茶，茶色绿；邢瓷不如也。"陆龟蒙诗云："九秋风露越窑开，夺得千峰翠色来"；孟郊诗云："越瓯荷叶空"；顾况《茶赋》云："越泥似玉之瓯。"观此，则越窑亦唐时韵物矣。唐氏《肆考》云：越窑实为钱氏秘色窑之所自始。

（二）秘色窑

吴越烧造者。钱氏有国时，命于越州烧进，为供奉之物，臣庶不得用，故云秘色。其式似越窑器，而清亮过之。唐氏《肆考》云：蜀王建报朱梁信物，有金棱碗致语云：金棱含宝碗之光，秘色抱青瓷之响。则秘色乃是当时瓷器之名，不然，吴越专以此烧进，何蜀王反取之以报梁耶！叶寊《坦斋笔衡》谓秘色唐世已有，非始于钱氏，大抵至钱氏始以专供进耳，岂蜀王遂无唐之旧器哉？又徐寅有《贡余秘色茶盏》七律诗，可见唐有之辨非谬，特《辍耕录》疑为即越窑亦误。南宋时秘色窑已移余姚，迄明初遂绝。

（三）陶说杂编

越窑矮足爵，栗壳浮青，转侧皆翡翠色。吴越钱氏取供后，当时民间禁不敢用，故今存者极少（《七颂堂识小录》）。……越上秘色器，始钱氏有国日供奉之物，不得臣下用，故曰秘色（《清波杂志》）。

自古陶重青品。晋曰缥瓷，唐曰千峰翠色，柴周曰雨过天青，吴越曰秘色，其后宋器虽具诸色，而汝瓷在宋烧者清青色，官窑哥窑以粉青为上，东窑龙泉其色皆青，至明而秘色始绝（《爱日斋丛钞》）。

同一青瓷也，而柴窑汝窑云青，其青则近浅蓝色；官窑、内窑、哥窑、东窑、湘窑等云青，其青则近浅碧色；龙泉章窑云青，其青则近翠色；越窑、岳窑云青，则近缥色；古人志陶但通称青色耳。

旧越窑自宋末已不复见，《辍耕录》载叶寘（坦斋）引陆诗，疑为秘色，而《肆考》越窑实另见，谓第如秘色之所自始，殆其然乎！见秘色古作礼祕色，《肆考》疑为瓷名，《辍耕录》以为即越窑，引叶寘唐已有此语，不思叶寘据陆诗，并无秘色字也。按秘色特指当时瓷色而言耳，另是一窑，固不始于钱氏，而特贡或始于钱氏。以禁臣庶用，故唐氏又谓蜀王不当有不知秘色，亦不必因贡御而言，若以钱氏为秘，则徐寅秘盏诗亦标贡字，是唐亦尝贡，何不指唐所进御云秘。岂以唐虽贡，不禁臣庶用，而吴越有禁，故称秘耶？

《肆考》又载秘色至明始绝，可见以瓷色言为是。

《高斋漫录》亦载秘色瓷器，世言钱氏有国日，越州烧造为供奉物，臣庶不得用，似秘色窑又实始于吴越矣。

三、《陶说》

（一）唐越州窑

夏少康封少子无余于会稽，号曰於越。秦于此立会稽郡，隋改为越州，唐复为会稽郡，后又为越州，今浙江绍兴府。陆羽《茶经》：碗，越州上，鼎州次，婺州次，岳州次，寿州、洪州次，或以邢州处越州上，殊为不然。若邢瓷类银，越瓷类玉，邢不如越一也。若邢瓷类雪，则越瓷类冰，邢不如越二也。邢瓷白而茶色丹，越瓷青而茶色绿，邢不如越三也。《乐府杂录》唐大中初有调音律官大兴县丞郭道源，善击瓯，用越瓯邢瓯一十有二，以箸击之。按唐越窑，实为钱氏秘色窑之所自始，后人因秘色为当时烧进之名，忘所由来。《负暄杂录》据陆龟蒙诗谓陶唐世已有。《四六法海》得柳宗元代人进瓷器状，谓欲补《负暄杂录》之遗，然亦存其说而已，未得越窑明据。晋杜毓《荈赋》云：器择陶拣，出自东瓯，瓯，亦越也。今《茶经》曰越州，已有其地，证之当时顾况《茶赋》云：越泥似玉之瓯；孟郊诗云：越瓯荷叶空；郑谷诗云：茶新换越瓯；韩偓诗云：越瓯犀液发茶香。言越瓷者，不一而足，遂特表而出之，曰唐越州窑，为之一快。……

四、《杭州府志》卷一百七十二·杂记

青瓷器皆云出自李王，号秘色；又曰出钱王。今处之龙泉出者色粉青，越乃艾色。……近临安亦自烧之，殊胜二处（《云麓漫钞》）。

就这些记载里面归纳起来说：

（一）唐陆龟蒙诗，"九秋风露越窑开……"。

（二）唐孟郊诗，"越瓯荷叶空"，郑谷诗，"茶新换越瓯"，韩偓诗，"越瓯犀液发茶香"。

（三）越乃艾色。

（四）上林湖，唐宋时置官监窑。

（五）越窑，为钱氏秘色窑之所自始。

（六）旧越窑，自宋末已不复见。

（七）钱氏取供后，当时民间禁不敢用，故今存者极少。

（八）唐徐寅有《贡余秘色茶盏》七律诗。

（九）吴越时越窑愈精，谓之秘色。

（十）即所谓柴窑。

（十一）钱氏有国日，越州烧进供奉，民间不得用，故云秘。……式似越窑，而清亮过之。

（十二）蜀王建报朱梁信物，有金棱碗致语云，"……秘色抱青瓷之响"。

（十三）秘色即越窑。

（十四）秘色指当时瓷色而言。

（十五）秘色与越窑另是一窑，固不始于钱氏，而特贡或始于钱氏。

（十六）自古陶重青品，晋曰缥瓷，……龙泉，其色皆青，至明而秘色始绝。

再就以上已经归纳起来的几点，仔细研究一下，我的意思以为：

（一）唐代已有瓷窑，为铁一般的事实（陆诗以外并有民国二十五年九月在绍兴伴着墓志砖出土的物品，见拙著《唐代越器专集引言》）。顾此时越器之烧造，不仅一处，且亦不仅局限于数十里内外的一隅地方，亦已得到证明（民国二十五年在绍兴各处发见多数晋代窑基，可以证实此说）。因为当时的窑器，已为一般民间所需要，所谓越瓯、越碗，都是随着饮茶的一个普遍的社会习尚，而展开了瓯与碗需要的局面。自然，越器的烧造，就紧跟着供与求的趋势而发展起来。

同时在民间方面，固然有此情形，而宫廷之间亦是同样地有此需要。因此茶盏之贡御，就从徐寅一首七律而证明了这一个事实。再就当时习用的越器底品质来推测一下，陆羽《茶经》里面，已经很明显地给当时所用的茶碗来一个比较优劣的品评，结果是越州为上。并且当时南北并驰的两种出产，所谓邢瓷与越瓷，还给它一个严格的比较。说什么越瓷类玉，类冰，色青而茶色绿；邢瓷类银，类雪，色白而茶色丹，这都是邢不如越的明证。

可见当时的越器，不只是生产量多，足以供求相应，而且还要出品精美，可以优劣立见。因之置官监窑所烧造的御用越器，自然会精益求精，颜色与式样，一定更会与民间所用的大不相同。惟其如此，这一种进御的青色，不能与一般民间所用的相比拟，就给它一个秘色的名称。这个"秘"字，跟所谓秘府的用法有点相似。总之，御用的物品民间是禁用的，所以更分别出这是一种秘色的越器。陆龟蒙诗所称之秘色越器以及徐寅之所谓"贡余秘色茶盏"，一方面证实"秘色"二字之所自始，另一方面也就证明了进御茶盏之为秘色的名称；并且还可以告诉吾们惟其是进御的物品，不称越窑而称秘色。否则明明是越窑，为什么不说"贡余越瓷茶盏"呢？

依此观察，吾们晓得唐代的越窑，除了为供应民间一般需要以外，曾经置官监窑，烧造进御的物品，这是最早的御窑厂，而此御窑厂里所出产的物品，就不称越窑，特别给它一个名称叫做秘色。因之，越窑与秘色就无所谓一而二，二而一；或者说是绝对不相同的两个烧窑的名称。其实越窑是专门烧造民间物品的，秘色为烧造进御物品的越窑。

（二）五代时钱氏虽则称霸东南，但是朝贡不绝，其中所朝贡的物品里面，如武肃文穆之贡唐，以及忠献之贡晋，均已有秘色瓷器在内。最后忠懿之事赵宋，尤其来得恭谨。开宝二年亦贡秘色瓷器于宋，这都是在历史上斑斑可考的事实（见拙著《越器之史的研究》）。

当时为什么会贡这些秘色瓷器于唐，于晋，于宋呢？这是很明显的，钱氏利用了唐代已经烧造成熟的御窑厂，以烧造专为李唐时代进御的物品，来烧造用以贡唐，贡晋，贡宋，所以亦就因袭旧名，称为秘色。同时本来御窑厂里出产的物品，是不许一般民间所应用的，钱氏为表示恭谨起见，对于此种供奉物品，必先罗列于庭，焚香再拜，更不用说自然禁用起来。并且越窑厂的烧造，到了五代的钱氏，已经相当的期间，技术进步，自不待言，所以当时的作品，式似越窑而清亮过之，似可确信。因之我可得一假定之结论，就是五代钱氏沿袭李唐御窑厂之制作，设官监烧秘色瓷器，以为供奉之用。秘色名称当然并不始于钱氏，可是精美过之。同时蜀王建报朱梁信物致语，所说"秘色抱青瓷之响"这一句话，的确是有来历的了，因为这是一件金棱秘色瓷器，说不定为钱氏所烧造而在奉梁正朔的时候，朝贡于朱梁的。为了沿袭唐制的缘故，所以蜀王建说"秘色抱青瓷之响"。

（三）"秘色"二字的应用，既然是烧造进御的一种越窑，范围已有一定，那末以之为青色的一个统称，是没有什么依据的。还有说及南宋时有秘色窑，并且粗朴而耐久，更不足深辩了。至于说到率以官窑目之，其实就官窑说，岂是粗朴而耐久的物品，这些论定，就不免有点武断。

此外以吴越时的越窑，愈精谓之秘色，亦即所为柴窑，或云柴世宗时始进御云云，这是《余姚县志》转引《谈荟》里的说法，却可以引起吾人研究柴窑的兴趣。本来钱氏之于柴周，也有通朝贡的关系。《十国春秋》里忠懿王显德五年四月七日，以及八月十一日，有过这两次贡周的记载，例以钱氏贡唐，贡晋，都有秘色瓷器在内，自然在这两次贡周的物品里面，也定有秘色瓷器。同时，说不定柴世宗就命钱氏要烧造一种雨过天青的颜色，于是以这两次所进的御窑，称之柴窑，以别于其他的烧造，这就钱氏烧造御窑的秘色瓷器一个史实，来推测贡周时的秘色瓷器，以假定所谓柴窑名称的由来，虽说是没有什么充分的论据，不过就《谈荟》所记载的一点推究起来，或许可以有参考的余地，这是我对于柴窑的一个新的假定底解释。并且在唐代的造瓷，隐然有南北两大系统，就是青瓷与白瓷，邢瓷代表北方之白，越瓷代表南方之青。越瓷是青色，同时越窑之在当时，可以说是推重一时的用品，何况曾经烧造过进御李唐，以及钱氏沿袭唐制而监造进贡于唐、于晋的秘色瓷器，则柴窑之在南方越州烧造，可以由此推想。所以我觉得《谈荟》上所记载的几句话，是很值得吾人注意的。

最后越窑物品，宋末已不复见，至于钱氏供奉的秘色瓷器，存留下来的，自然更少，因此有"李唐越器人间无"之叹。这在从前已经如此，何况今日。然而千载后难得的机缘，竟会不期然而然的凑合起来，所谓唐代越窑，所谓钱氏沿袭唐制用以供奉之秘色瓷器，都能一一罗列在吾人的面前；尤其是碎片，繁缛的图案画（详见拙著《越器图录》），以及具备种种不同式样的进贡御用物品，自五代以后，而宋，而明，而清，这样一个长久的期间里，没有人发现过，居然吾们都看到了。即此一点，已足使吾们兴奋神往而不能自已。此后的整理与研究，其责任就在吾辈了。至于这一篇的叙述，不过从旧书堆里探讨一点关于越窑与秘色瓷器的消息来，给它清理一下，估量一下而已。

一个瓷印的考证

二十九年春，我在龙泉大窑得到尚未施釉的瓷质长方印一个，边起线条二，有阳文"佛法□宝"四字。第三字及右边，有点剥蚀，或者原来就没有烧造好，因此遗弃在窑里，也就成了窑底货，亦未可知。右侧边缘有"甲寅十月初一日"七字。印的上方，有凸起的一个小把手，为的是便于握着盖章的原故。把手上，有"姚宅立"三字。我在当时《龙泉访古记》里面，已经说到大窑五显桥边，原有姚姓居户。由此还知道从梅岭脚下进去的金绳寺里，有着宋朝时候一位光禄大夫姚某的塑像。同年七月里，复去龙泉，就特意到金绳寺去考察一番，并在查田周君处抄录得《金绳寺记前序》一篇（已录入《访古记》）。从这篇文字里——虽则因为手头没有其他书籍，不能考出姚舜明为怎样一个人，却可以证明制作一个瓷印的年代。前序里面曾经提起姚舜明，是在宋孝宗丙戌（乾道二年为西历纪元一一六六年）四月，构造华厦于剑南钵盂山。以前的时候，他是因为岳少保的被害，所以避走龙泉东邑，后徙琉珊；及至三字冤白，舜明的三个儿子，都回到杭州去了，只是他隐居不出，于是乎就在钵盂山麓，建造起一所房屋。可是不久为地方挟嫌诬告，遂将私产舍为金绳寺，大概的情形如此。此印既有"佛法□宝"四字，可以断然的说，是在舍屋改寺以后。这一前提确定了，由此推计这一个印上所记的甲寅，当为光宗绍熙五年（西历一一九三年）；同时亦可以说瓷印的烧造与私屋的营建，相距为二十八年。要是往前推的话，甲寅是绍兴四年，但是武穆的被害，是在绍兴十一年，其时（绍兴四年）姚舜明尚未避居龙泉，当然更谈不到姚宅会烧造这个印章的。因之我可以断定这个瓷印的烧造，是为光宗绍熙五年。至于《访古记》里所提及的有"绍定六年姚宅富位"等字的五寸盘，即是理宗癸巳（西历一二三三年），距宋的灭亡（西历一二七九年）有四十六年，跟这个瓷印的间隔，为三十九年。再说到瓷印的烧造与出土时期（民国二十九年西历一九四〇年），中间是有七百四十七年，它是一直长埋在泥土底下，等待着与我相见的机会。

（三十年三月）

《瓷器与浙江》小序

十年以来，我因侨寓浙江的关系，得有研究浙江造瓷的机会。

事情一开始，仿佛就有许多许多的问题，等待一个不学无术的我来解答。可是，我不怕难，一直这样摸索着这一条黑暗弄堂，希望未来的光明，不久就会涌现在我的前面。

因之一年一年的探访，一年一年的考察，一年一年的搜求，一年一年的研讨，居然积聚下来一本厚厚的记录原稿。

但是抗战事起以后，经我苦心孤诣所搜集来的实物标本，完全损失了。而二三年来流寓浙东所努力采得的断片残块，又碰到本年松坑口的浩劫，遭遇着第二次的厄运。所以我又深惧这一本记录的原稿会经受着同样的不幸，于是急急乎就想把它刊印出来。

刊印的目的是在：

一、昭示造瓷之在浙江，有此重要的史实。

二、介绍浙江古代造瓷的进步技术。

三、知道地底下的蕴藏，还是很丰富，需要吾们努力的探索与不断的研究。

四、表示着这是我个人一种尝试的工作，希望由此小册，可以把研究浙江古瓷的兴趣大大地扩展开来。

至于小册的内容，除了有几篇文字，曾经登载过《越风》《人间世》，以及在杭州时候的《东南日报》外，大部分的还没有发表。尝试的工作，自然是很粗糙的，盼望专家的指正！

（三十年三月十四日永康方岩山中）

追记吴兴、金华、永嘉三处
所发见之古代窑基

　　我于龙泉、绍兴两处搜寻古代窑基以外，往往在浙东西各县中，或以当时视察之余，或以个人游览之便，试为此古代窑基的探查，大抵都在友朋的无意言谈中，获得了线索以后，我就依此方向，从事于实地的搜寻，结果，都能得到意外的收获。此种访古日记，杭州沦陷前，未及取出，无法可以参考，不得已追记一二，因此时间同确实的几处地名与里数，都不能记忆起来了。

　　第一，我所要记述的，是吴兴摇铃山。吴兴之有烧陶瓷的窑，为任何志籍所未经记载过，而我之忽然要探索这一方面的窑基，是偶然在吴兴一家古董铺里，得到了一点有出土东西的消息以后，就设法盘问了一下，于是我就晓得出土的地点，是在摇铃山。摇铃山在哪里呢？离城仅仅七八里，在夹山漾的西南方，远望过去有一带树林的一个小山，这就是所谓摇铃山。当我去调查的时候，是同着周君坐人力车，走京杭国道，约莫有三四里路下车西行，经过一点田野，然后过渡，摇铃山就看到了。或则在渡头雇一小船，可以直达摇铃山，更为方便。此处有一小村落，居民十余户，山上碎片，到处都是。就碎片所见到的，是一种类乎洗的器皿为最多，与绍兴九岩、王家溇等处出土的相似，不过后者胎较厚故重，前者较薄而略轻。大的洗里面，划有"之"字，上釉都在内外边缘。釉的色泽，甚似九岩，除青色外，并可见到近乎天目的变色。器皿上并无何种图案，灯台、瓶罐等器皿，亦复不少。依此碎片假定其年代，亦当在吴、晋之间，似与绍兴家墓间所出土之物相同。我于此处，曾经两次之探索，获得标本材料甚多，后来杭州古董茶会上偶亦见到该处所出土之物品，一般人咸以九岩出品目之，从未有人断定为吴兴窑也。后于吴兴城北弁山附近，曾去探访，惜无发现。至于摇铃山之名称，是否为"窑林"二字之转变，虽已无可究诘，不妨有此推想。

第二，是金华窑。金华之有烧陶瓷的窑，就是载籍上所称述的婺州窑。然而唐代的婺州窑，究竟在金华哪里呢？这是几年以来，时常萦回在我脑海中而极想解答的一个问题。其实不消解决这一点，退一步说，先行考查金华方面有无古代窑基，已属不易进行。何况确实要断定为婺州窑的发现呢。先是，我从永康方面知道有一种陶器大壶的出土。我在当时，曾得其一，由此我已假定金华窑之出品，或与此种大壶有关系。后来金华为修筑公路而拆除了一部分城墙，我又晓得有好些陶器在当时出土，居然我于某种机会，复能见到与我所藏完全相同的陶器大壶一件，自此我确信金华古代窑基发现之机缘，殆将日近一日，不容我轻轻放过了。于是我就多方转托友人，代为探听，最后竟得到了李集之君的报告，说在古方附近山中，碎片甚多。

我就去金华，会晤李君，假得浙赣路手车，遂去古方调查一切，此为二十五年秋间之事。窑基离古方车站约八里，由一乡人引导到窑基所在的地方，就我当时观察所及，似乎附近窑基有好多处，惜乎未能一一详细调查。所见碎片与绍兴情形完全不同，釉亦青色，并有种种接近天目的变色。器皿之制作，显系日用寻常物件，当然不能与越窑相提并论。惟是就其时期来推定，殆可断为唐代作品无疑。因此是否即系载籍上所称述的唐代婺州窑，固然不能如此仓卒地来判断，而唐代的金华古窑，却已经我发见。不过我从永康所得到的那种陶器，还不能在古方获得碎片的证明，由此可知尚有其他古代窑基，散在金华区域之内。尤之龙泉窑，并不局限于大窑区域者相同，是在以后的继续发见了。

第三处，发见古代窑基的地方，是在永嘉。原来瓯之缥瓷，在吾国陶瓷史上是一个谜，究竟所谓缥者作何色，缥之标准的标本究作何状，不但吾人莫名其妙，考之典籍，也没有人记载过，恐怕也就很少有人见过真实的缥瓷底物品。不过既然提到它的出产地底瓯，自然对于永嘉就不能不寄予一种恳切的期望。二十六年夏天，刚刚有事到瓯江去，这一种恳切的期望，居然达到了，并且也是偶然的。就是在某一个下半天，同了张君访问一位当地的某先生，本来的目的，仅仅乎想看到一点他的收藏，结果竟会由他言谈里，知道永嘉三角门外将军桥（属集云镇第一区）附近山边（上山为护国寺直达雷山），也常有瓷器出土的情形，于是原定往游江心寺的计划，立刻改变过来，就到那里去搜寻碎片，果然在山麓溪边，见到了碎片不少。青的釉色，要比九岩来得淡而薄，似乎是已经进步的唐底作风。不过附近的碎片，听说还很多，因为没有时间都去调查一下，所以究竟是唐是晋，不能遽然下此判断。只是此处为古代窑基所在，竟以偶然的机会而发见，从此瓯瓷的真面目，有渐次披露于世界的倾向。这一点，不该吾人注意的么？

（民国三十年五月）

忆欧翁 Mr.Eumorfopoulos

　　今年四月间，我还写了一封信给 Mr. Hobson，信里附了一纸，托代转给 Mr. Eumorfopoulos。六月以后，得到英伦博物院东方古物部主任 Mr. B. Gray 的回信说，Mr. Hobson 于一九四一年六月故世，而欧翁早于一九三九年十二月就作了古人。

　　由于战时交通的困难，中断了我与海外友人的音讯，好几年而不知道友人不幸的消息。

　　回忆我与欧翁的相识是在一九三〇年的冬天。

　　当时，我由荷兰渡海到伦敦，经由伦敦热带病学院主任的介绍，我就去访问他，并且要求参观他所收藏的古物。

　　欧翁是以收藏吾国古瓷负盛名，被称为收藏中国瓷器之王。以此凡是要研究吾国古代瓷器的，到了伦敦以后，不肯放过这个参观的机会。十余年前我于古瓷的研究，极为肤浅，因而那一番的参观，不能说有什么心得，可是由此而得到他的启发，却是不少。

　　他已是七十开外的一位老年人，矮矮的身材，狭长的脸庞，有一副蔼然可亲的神情。他的收藏，实在丰富极了。画幅玉器，以及其他杂件，亦多搜集。除了吾国物品以外，波斯、高丽的古物，亦属不少。不过最重要的部分，自然是吾国的古瓷。

他的陈列方法，依照类别而安放在玻璃柜里，例如钧窑的在一起，定窑的又另在一起，你就可以尽情的观赏，他决不会厌烦的。即使在抽屉里藏着的零件，仔仔细细地抽出来给你看一个饱。假使你有所询问，自然他会娓娓不倦地与你解说或讨论。

如此在他私人陈列馆里，就是这样走马看花地参观一番，需要整个的下午。参观既毕，他就肃客到大厅里去进茶点，据说每星期六的下午，总是这样招待他的客人。临别时，他还送我一张半身的相片作为纪念。

后来我从欧洲回来，对于研究古瓷的兴趣，一天一天地发育滋长，同时在我对于欧翁的企仰，也一天一天地增加了深厚的程度。

民国二十四年吾国决定参加伦敦的中国艺术国际展览会，他是被推为审选委员之一，于是他就到了上海。

有一天我在浙江省政府的办公室里，说是有几位外宾来看我，有叶遐庵先生的介绍信件，一看名片就是欧翁。相见之下，彼此多是非常的高兴，同来的还有 Hobson，David 及 Raphel 三位，我们就在一个细雨迷濛的下午，兴冲冲地去乌龟山探访南宋郊坛下官窑的窑基。欧翁更是兴致勃勃地检拾碎片，一块一块地往一件雨衣的口袋里装，他还笑着说，这是不会肮脏的。

这一次他的游兴的确很浓厚，以能见到郊坛下南宋官窑的窑基，为一件极可高兴的事。回来后，就同在西泠饭店晚饭。

后来伦敦艺术预展会在上海开会，我去参观，又与欧翁见了面。他很希望我能趁此机会，重游伦敦，这当然在他是一番殷切的热望，而在我只是一个幻想罢了。

他回伦敦后，寄赠给我好几年的东方皇家陶瓷学会年报，吾们就这样开始通信起来。

二十六年我的《越器图录》付印，他晓得了，汇款来预定，赠送朋友；又把早已绝版的霍蒲孙为他编印的《古物图谱》十一大册，寄赠于我。这一番的盛意，我应该怎样来感谢他呢！

回忆七八年来，我从他那里得到的书报，一部分留在杭州的已失散了。十一大册的图录，曾经运到绍兴的安昌，又由安昌而到方岩，后由方岩而丽水，而温州，而某地，究竟将来的命运如何，还在不可知之数。寄到方岩来的年刊，亦在金华被毁了。此外信札照片，均已先后损失，一无留存。

现在得到他不幸的消息，自然不免有无限的怅惘与惋惜！第一他是世界上最负盛名的收集吾国古代陶瓷的一位权威，由于他的特嗜，积聚了三四十年的收藏，而能保存着如此大量的吾国陶瓷的精华，这是值得吾人钦佩而景仰的。其次，以他的那样谦谦君子的风度，对于研究吾国古代陶瓷的同好，恳切鼓励，热诚相助，又是值得吾人的崇敬与感奋。我将热切地盼望着能有一天在他长眠底墓地上亲自呈献一束鲜花，致我无限的敬意。同时十一大册的图录能够还我故物，依然无恙，永远保留着彼此深厚的情谊，这是我所朝夕而祷祝的一件大事！

（三十二年十一月）

故宫一部分古瓷鉴定之商榷

故宫博物院所保存的瓷器，在二十四年、二十六年先后陈列于上海伦敦艺术预展会及第二次全国美术展览会。我自离开北平以后，也就趁这两次的机会去参观过。当时对于郭葆昌先生所审定的窑口，曾经发生过疑问，写了《参观上海伦敦艺术预展会以后》及《旅京见闻录》两篇文字，刊入《人间世》及杭州之《东南日报》。

西来后，乡居新桥，翻阅故宫出品图说关于瓷器部分，发见可以怀疑之处颇不少，因此又条举若干则，以与当世好瓷者一商榷之。

一、郭先生在《瓷器概说》里说明了吾国造瓷的一个轮廓，非常扼要而精当，不过其间有为我个人所怀疑的地方，分别写在下面：

（一）原文"……如杜诗所称大邑瓷者"（附注：窑建于唐，属邛州，通称邛窑，在今四川大邑县）。

查杜诗所称的大邑瓷碗，是一种轻而且坚，扣之声如哀玉并且胜于霜雪底白色瓷碗。而十余年来在邛崃所发现邛窑的碎片，完全是一种青器以及有红黄绿复釉的作品。可见杜诗所称之大邑烧瓷，与近来发现所谓之邛窑，绝不相同，因此郭说以大邑瓷而统称邛窑，事实上并不如此。

（二）原文"北宋名窑最多。……于时昌南，易名景德，越窑仍称秘色，制器多佳"。

秘色不能概括一切越窑，我在《越窑与秘色瓷》一文中，已详言之。郭说依然因袭所谓吴越秘色瓷之传说的见解，并以为北宋数百年间，秘色窑还是与定、钧各窑"南北互峙，后先辉映"。其实越窑是随着五代吴越忠懿的归宋而衰落下去了（见《越器图录》序言），所以在北宋百余年间，越窑的地位，已由北方的官、汝等窑取而代之。至民间所用的器物，龙泉正在那时候异军突起，大量生产，越窑已不能与之竞争，更谈不到与北方诸窑互峙争雄了。

（三）原文"南渡后……秘色迁于余姚"。

此点不知郭先生有何根据。（《六研斋笔记》有南宋余姚秘色瓷，今人率以官窑目之之说，证以现在的发见，实不可信。是否郭先生仅仅根据此说，我不敢知！）就吾人现在所知道的，在余姚上林湖所掘得的碎片，最为精美（如龙凤、鹦鹉、人物以及各种花卉，俱见《越器图录》），远非绍兴各处窑基所获见的可以比拟。同时太平戊寅的碎片，也就发见于上林湖，因此吾人可以证明钱氏有国日所烧造的贡品，都是在余姚上林湖烧造，而不在现今的绍兴县境以内。"南渡后秘色迁于余姚"之说，与发见事实，完全不相符合。

（四）原文"唐越窑胎质莹白如玉。……余姚秘色继越而作，其原质之莹白，相类而较粗"。

今就绍兴发见各窑所得之碎片看来，是一种所谓灰胎的成分，并非莹白如玉。即余姚上林湖之碎片，亦属灰色，莹白都谈不到，何况"如玉"二字。

（五）原文"白釉如元魏之关中、洛京二窑，唐之昌南、邛、邢诸器皆是"。

邛窑并非白釉，已见上文。

（六）原文"……各窑如汝、官、龙泉等，其配制色釉之法，则调和之后，再加研乳，颜料釉汁务令溶合，虽其性仍在，经火后，间或不免有纹，但细如蟹爪行迹矣"。

汝、官等窑，岂是间或不免有纹。汝、官纹片有极细极密的，官窑则除了大纹片长条纹片外，密纹亦极为普遍。何以称为"间或不免有纹"！又何况说是仅仅"细如蟹爪行迹"！

（七）原文"若用玻璃质成分稍多，烧成即现冰裂之状，是曰冰裂纹。始亦出于天然，而汝、官、哥窑乃专用此法，以为表异，是由天然而入于人为矣"。

冰裂纹是否为汝、官、哥窑所通用？就我所知，冰裂样之纹片，即所谓百圾碎，为哥窑之特征。此种纹片，宛如药铺里所卖的冰片，官窑无此纹片，汝窑更不必说。

二、照片实物部分

（一）第十七图、第十八图，原名都是哥窑盘，郭先生鉴定为宋汝窑粉青盘。但就图说照片所看到的纹片说，与其说是汝，不如说是哥，较为确当。

（二）第二十四图的纹片，与第十七、第十八两件相同，现在也是鉴定为宋汝窑天青圆洗，亦有问题。

（三）第四十三图，原名官窑花盆，这与第二十五图宋汝窑粉青无纹椭圆水仙盆、第二十六图宋汝窑粉青椭圆水仙盆相似。何以第四十三图鉴定为官，第二十五、第二十六两件鉴定为汝？

（四）第四十七图，原名龙泉釉三足盆奁花囊，郭先生定名为宋龙泉窑葱翠青窑变匣钵油斑点三足花囊。他对于这一件的命名，有独到的见解。他说："匣钵油斑点，由于匣钵经火煅炼，溶汁溅于器上，始而出于天然，继而人为，此种名称，乃得诸极有经验之陶工，诸书无此记载"云云。

我个人意见以为：（一）匣钵并无色釉，无所谓溶汁，更不能溅于器上而现酱红或深黄色的斑点！（二）此种斑点，实为一种复釉的开始，例如先是在青釉上，加上几点，经火以后，显现红色的斑点，觉得很美丽，于是就为有规划排列的施用。此种方法，远在晋代越窑陶瓷上面，已经极为普遍。如天鸡壶的鸡冠与鸡眼，往往施以一种色釉。同时壶的两环上方，壶口四角，均有此种斑点。还有唾壶的口部，淡淡的四点，都是常见的。至于我所藏的一把陶壶，盘口两侧有规则的排列着鲜艳的复釉，肩部一圈，腰部又有两圈，显然是为装饰上增加美观的作用。吾人再以唐代的邛窑来说，此种作风，更属盛行。吾人所获见的整器，以及标本属于此类的，实在不少。宋龙泉之有此制作，自属沿袭前人的规范，而为一种比较更有规则的复釉斑点。如在英国欧翁（欧摹帕弗录司氏）《古器图录》及大维德《瓷器图谱》中所印布的几张照片，在葱翠的青釉上，显出玫瑰般娇艳的斑点，实在是已经到达了极纯熟的阶段。郭先生之说，我是根本上发生怀疑的。

（五）龙泉窑与章窑两个名称就《陶说》"宋龙泉窑"条下所说"即章生二所陶者，时以哥名兄窑，弟仍龙泉之旧曰龙泉窑"。是龙泉窑即章窑，章窑即龙泉窑。（《陶说》所引的稗史类编"龙泉窑至今温、处人称为章窑"，也就是说龙泉窑与章窑是一而二，二而一的名称。）明张应文的《清秘藏》论窑器一段中说及龙泉窑："古宋龙泉窑……有等用白土造器，外涂釉水，翠浅影露白痕，乃宋人章生所烧，号曰章窑，较龙泉制度，更觉细巧精致。……"

就此记载，吾人知道于"土细质厚，色甚葱翠，妙者与官窑争艳"（《清秘藏》语）之龙泉窑器外，还有用白土造器，外涂釉水，翠浅影露白痕一种，是章生所造。本来根据我个人多少次在龙泉的调查研究结果，所谓"龙泉窑"三个字原非如此一个简单的名称。龙泉窑中，有若干不同地区的窑口，也就有若干不同的出品。而在大窑所见到的翠浅影露白痕之作品，殆为章生所烧造。因此龙泉窑即章窑，章窑即龙泉窑之说，原不足为吾人所采取；而《清秘藏》里所说的一段，证之我个人经验，是可信的了。

现在出品图说上所刊印的宋龙泉窑，有第四十四、第四十五、第四十六、第四十七四件；章窑的，有第六十一一件。如其依据"翠浅影露白痕"的说法，第四十四宋龙泉窑粉青莲瓣大碗，第四十六宋龙泉窑粉青鬲式炉，应该定为章窑（第四十六一件向来俗称骨筋炉，就是因为有白痕影露的原故）。又如第四十五图宋龙泉窑粉青盘口凤耳瓶一件，不能说它"工匠稍拙，制法不甚古雅"，因而说是龙泉窑；其实正可以说它"较龙泉制度，更觉细巧精致"的章窑。所以我真不知道以第四十四、第四十五、第四十六、第四十七等四件，鉴定为龙泉窑，以第六十一图鉴定为章窑，不知有何根据？难道不可以把第六十一一件定为龙泉窑，而以第四十四等四件定为章窑么？就我个人的见解说来，第四十四图制作，并非特殊，碎片之见于大窑窑基里面的甚多，而且完整传世的也不少，所以是一种普通的龙泉窑，第四十五第四十六两件，确为章窑出品无疑。第四十七一件，在龙泉窑中实非寻常之品，因为此种碎片，在窑基里发见得不多，所以不能不说是一种精致的东西，那就有章窑烧造的可能。

总之，如其没有真知灼见来判断何者为龙泉窑，何者为章窑，最好是通称为龙泉窑。而于某一件可以确定名称之下，加注此为章生二所制，倒是较为合理；否则漫无标准的分别，至少总会有几件，免不了有指鹿为马之嫌。

（六）南宋官窑在《出品图说》里，计有自第六十五图起至第八十图计十六件。我在《参观上海伦敦艺术预展会以后》文中曾经这样说过："此处所称之南宋官窑，当然是南渡后修内司官窑。我对于这个窑，向来抱着怀疑的态度，因为凤凰山官窑，吾们到现在还不能肯定，而在凤凰山附近所得到的碎片，还不足以解决这个困难问题。因此所谓南宋官窑，即南渡后修内司官窑之作品，究作何种式样，实在是一件不易判断的事情，所以我对于这十六件东西，决定它为南宋官窑，我也甚愿得到一个强有力的说明。其中我已看到几件，的确有类似郊坛下官窑的纹片。"我现在还是抱着前几年这个见解，根本上对于这十六件的鉴定为南宋官窑，很是怀疑。

同时南宋官窑，就文献上的记载，说是沿袭旧京的制作，为此究竟南渡后的官窑，跟汴京的官窑，有什么分别，恐怕谁都不容易有一个明白的判断！不晓得郭先生当时根据何种鉴别方法，判断这十六件为南宋官窑，而不说它是南渡以前的官窑？

还有就这十六件来分析一下，第六十六图原名仿哥窑瓷盘，纹片跟第五十图宋哥窑粉青葵瓣口盘相似。第六十九图原名哥窑盘，第七十图原名官窑盘，当时（题原名时）已经搅不清楚了。就印片上看，完全是相似的物品，而一名为哥，一名为官，到了郭先生又称之为南宋官窑，真是一件好笑的事。我从这一点，就可以推出以前的命名，确实没有绝对的根据。所以说它哥好，说它官好，甚至南宋的官也好，反正是自己也摸不清楚，于是乎其他的人，跟着堕入五里雾中，更是莫名其妙。

同时这两件（第六十九、第七十）器物，虽则原名是一官一哥（现在却改为南宋官窑），而乾隆的御题诗，就是这一首"铁足冰纹火气镯，口分六出体规圆。较于瓶罍犹多见，华者脆知朴者坚"。并且都是乾隆丙申夏题的。就题诗的见解说，分明是指哥窑。除了这两件以外，《P. David 图谱》第二十一图宋哥窑盘，亦是乾隆丙申夏题着同样的一首诗句。《P. David 图谱》所表显的，比之商务本出品图说，当然要清晰得多，而且是原色的。就纹片说，是哥窑无疑，因此我对于第六十九、第七十两图定为南宋官窑，不敢相信。

（七）南宋余姚窑秘色枕一件：关于南宋余姚窑秘色窑问

题，我已写出我的意见在前面，我还觉得《瓷器与浙江》里面我的一篇《旅京见闻录》曾经提出四个疑问依然横梗在我的胸中。四个疑问就是"因为秘色二字，究作何解？指器，指色，还是指民间不得应用，可以说是聚讼纷纭，迄难论断。现在鉴定为秘色，有何依据，此其一。唐及五代时候，确有此秘色二字，现在鉴定为南宋，不晓得有什么根据，此其二。即使说秘色是有这样瓷器，是否在余姚烧造？为什么余姚各处所见到的碎片，竟没有像这件物品的标本，那末鉴定它是余姚的话，有什么凭证，此其三。即使在余姚的话，余姚窑之盛衰，从历史的研究，可以知道一点，更可以从最近出土的物品，得到一个大概，究竟在南宋时候，余姚窑是否存在，存在了，是否还能像五代时候那样兴盛，这都是疑问。那末断定说南宋余姚窑，不晓得有什么历史上的考证，此其四"。

（八）南宋郊坛下官窑窑基之发见，为近十年来的事。个人在当时搜集碎片颇多，因是吾人才知道郊坛下官窑的本来面目。现在出品图说里面定为南宋郊坛下官窑的，有第一〇五第一〇九图等五件。其中原名有说汝窑，有说哥窑，亦有说秘色窑，可以见得当时定名之不易。现在郭先生定为郊坛下官窑，是否曾经根据碎片，予以精细的鉴定，恐怕未必如此吧。因为吾人就所得的郊坛下官窑的碎片，来比较郭先生所认定之郊坛下官窑，不是这么一个面目，那是很显然的。

（九）明处州窑中第一二一图葱翠青壶第一二二图葱翠青盖罐两件，似乎应该定为明龙泉；因为还是大窑附近的出品，决不是丽水附近的制作。

除了以上各条以外，假使能够把实物细细研究了以后，自然发生问题的，恐怕还有不少。原来古代瓷器的定名较之鉴别明清两代的制品，的确要困难得多。大概已往研究瓷器，偏重于明清两代，而忽略了明以前的东西。即使是注意了，也只是钧器、定器，说到官那就含糊起来了。就是一般人所知道的龙泉，岂是这样简单的！为此故宫里一部分古代瓷器命名之有疑问，是毋庸讳言的，何妨再请几位专家来研究一下呢！

（三十二年十一月）

吴晋时代的浙江陶瓷

晋以前无"瓷"字，所以有人说汉代无瓷器。晋的时候杜毓《荈赋》云："器择陶拣，出自东瓯。"又有所谓"缥瓷"之说，文献材料，亦只此一点滴而已。究竟那时候的瓷，是怎样的一种制作与色釉，多少年来，始终是一个谜。

我于故纸堆中找出两件材料：

（一）《清仪阁所藏古器物文》第四册晋碗，张叔未自己有一篇题跋：

"海盐秦置县，旧城淹没海中，在今海塘前五十里。故老相传每数十年辄有数日海潮远退数十里，大风扬去浮沙，见井灶街墓基址，土人名曰海见。人掊土拾取旧物，泉皆半两五铢货泉，砖时有汉晋纪元，瓷皆粗无文采。乾隆四十四年己亥秋日见时，先兄德容曾往观之，亦曾买数瓷器，然率破碎不足重。此盂六十年己卯三月十三日余同沈竹岑铭彝，王树堂福慕、先从兄蓬园灏游海上，与太康二年砖同买于海滨渔父，盖亦海中物也。盂瓦沙骨釉如云母，外纯素，内契荷花七瓣，高二寸二分，口径五寸，口厚二分，底厚四分。郡友黄省甫语余云，昔随其尊人在新郑官署，山阴童二树携太康瓦券来，留赏累月，其色质绝与此类。安邑宋芝山学正题是盂，云此的是汉晋瓷器。世上所称古器隗器宫碗外，更无与此匹者，至足宝也。嘉庆十三年戊辰闰五月余曾赋诗纪之云：沙土团成绝琢雕，居然地数太康朝。能全浩劫千年璧，曾测沧海万里潮。可使煎茶歌七碗，未容饮酒只三蕉。田家老瓦盆堪供，压倒官哥柴汝窑。道光二年壬午九月二十三日，嘉兴张廷济。"

这一种有"釉如云母"的晋碗，是值得可以注目的器物。

（二）晋太康五年杨绍买地瓦莂：明万历元年出土于会稽倪光简冢地中，地在山阴二十七都应家头之西，当时尚有陶杯一，并此瓦券均为湘管斋所藏（见《徐文长集》）。张燕昌之《金石契》，对于此瓦莂有"白沙质外釉霏霏如玉屑……"之句。乾隆初瓦券藏童二树家，即张叔未晋碗题跋中所称之太康瓦券，自此以后，不知复入谁氏之手。

此券有六十五字，外釉霏霏如玉屑，因此是一件有釉的晋代器物。

民国二十四年杭州市府雇工在宝俶塔后挖掘泥土，发见一晋代古圹，有"永康二年曹氏造作"的圹砖。我在当时竟于无意中获得一器，有屋宇两层，并有一鸟，作刚要飞翔的姿势。全器薄釉，色青微微带黄，质极坚致，釉亦不易剥落。因为这一件器物的发现，于是在研究晋代浙江的陶瓷方面，显露出一点未来的光明。

嗣后绍兴西乡南乡先后发现晋代古圹甚多，随着太康、元康、永康、永和等圹砖的出土，就有大批的陶瓷，同时陆续发见。

晋代陶瓷的制作与色釉，自此吾人已经知道了。可是究竟此种器物，是在什么地方烧造的呢？

于是继之而起的，就有九岩、王家溇、庙下等处窑基的发现，确实证明了各处晋代古圹中所出土的器物，都是绍兴附近各地烧造的。浙江的晋代陶瓷，随之就毫无疑问地得到了切实的答复；也可以说这就是唐代越窑的早期产物。

　　同时出土的器物中，尽多特异的制作。即如曾经我所收藏，而后来在丽水松坑口毁于敌机轰炸的跪人碗，就是一例。此外坛样的器物，上面浮雕着许多人物、屋宇、鸟兽，出来了好几件，竟有高至三尺以上的。釉色大都作青色，黑色的间亦有之。并且在估客手上，还见到碑文的残片，有一二字，或三四字，可见此种器物，在出土时被毁损的，确已有过几件了。于是我又发觉了一个新的天地，就是我在《金泥石屑》里面，见到了一件同样制作的器物，是刘体智的藏器，后归上虞罗振玉。因为在同一圹里有吴大泉五千的原故，遂断定为吴器。上有小碑二。《金泥石屑》附说里有这样一段记载：

　　古陶器：数年前吾邑修治铁道，得之龙山之麓。上为屋宇百戏作乐之状，旁列小碑，左右各一，其文相同，盖冢中之物也。同时有吴大泉当千钱及古镜等与此器在一圹中，故知为吴物。诸泉中有文曰大钱五千者，为谱录所未见，为金山程云程大令所得。吴泉盖仿莽制，分三等，大泉五百当莽之契刀，五千则当莽之金错刀，当千则当莽之大布也。大令名文龙，有泉痴，藏泉币颇富，得此泉后，遂自号曰吴泉。此器初归庐江刘惠之部郎（体智），予以为邑中古物，请以他物相博易，刘君慨然允诺，其谊可感也。

两碑上文字乃以雕字印于泥上，更加以釉，不可摹拓，由影照入录，释其文如下：

出始宁用此丧葬
会稽 宜子孙作吏高
迁众无极

由此更进一步，所谓晋代的早期越器，现在又有吴器的发见。虽则罗叔蕴氏的一件，只是以同在圹里的有吴大泉五千为证，而没有发见孙吴年号的圹砖。可是绍兴的古圹，于太康、元康、永康以外，又发见了黄龙（在迪埠）、赤乌（在朱华北乡）的两个年号。并且在这黄龙、赤乌的圹里，获得了不少的陶瓷。就此可以证实了孙吴时代的浙江陶瓷，这是一个重要的发见。

二十六年后，我已离杭僻居浙东乡间，一日老友朱君驰书相告，说是绍兴出土一件器物，与《金泥石屑》中的那件吴器相似，浮雕还要来得繁缛。碑的文字为：

富且洋宜公
卿多子孙寿
永安三年时 命长千意
万岁未见央

这是一件有永安三年年号的吴器。

不久，明晰的照片寄来了。浮雕的大概情形是：每面飞雀之向上飞翔的，约有三十之数。上方屋宇，疑是谷仓。飞鸟上翔，群向壶口，似有进而觅食之意。每间仓屋的门口及壶口，均有犬守卫，壶口一犬，口中含一雀，表示被犬获得的意思。周身浮雕如龟，如犬，如豕，均极生动。又有划作鱼龙的，中部并有"飞鹿五种"及"相向"等文字。壶肩人像，各执不同之乐器，如琵琶、箫等。壶身有四通孔，孔旁有浮雕的鱼。器高十八点五吋，直径十二吋，下直径六点三吋，口径四点七吋，全身通体青釉。

永安为吴主休年号，永安三年庚辰，为西历纪元二六〇年，越五年乙酉为西历纪元二六五年，即晋太始元年。这是一件有孙吴年号的有釉陶壶。自此吾人可以确切证明了孙吴时代早期越窑的出品。

在此短短的七八年间，起初吾人认识了浙江的晋代陶瓷，继而知道了晋代早期的越窑，最后明白晓得了早期的越窑，在孙吴时代，已经有此成熟的产物。

凡此种种，均不能求诸以往记述陶瓷之文献，是在吾人能有一种锲而不舍的精神，继续不断的研究，自然会有新的发见。我想所谓"缥瓷"也者，或许在将来会有充分证明的可能，这个期望，就要待诸胜利以后，回到故乡，可以从容从事于田野考古的一天了。

（三十二年十一月九日）

巴尔《中国古代美术谱》^①读后记

　　本书编者巴尔氏，系就一九○八年十一月在上海所开的美术展览会中陈列品选择编印而成，计有一百二十幅，其中原色的十二幅，都是上海王镇海所绘，一九一一年出版。

　　那一次的展览会为英国皇家亚细亚学会华北分会所发起，并由福开森（Dr. J. C. Ferguson）的介绍，得到当时两江总督端方及江西巡抚的赞助。

　　陈列品计有三千件，开幕那天，上海道蔡乃煌曾到会致词，其次是英国皇家亚细亚学会华北分会副会长 T. W. Kingsmall 等演说。

　　书中所印入的瓷器，可以说十之九是明清两代的作品。本来编者曾在书里这样说过："宋以前的物品，不为外人所收藏。"又说："青器（指 Celadon）在欧洲之价值，远逊于在中国及日本。"由此吾人不难知道三十余年前，西洋人对于吾国古瓷的见解。

　　我于本书，先注意到宋及宋以后出土器物的图片，其中有

---

　　① 现译为《中国古瓷美术谱》。英文书名及作者：*"Old Chinese Porcelain and Works of Art in China"* 　　A.W. Bahr.

端方所收藏的三件。一是说在魏墓中掘出的房屋，上有绿釉。第二件是有一净字的瓶，断代为隋。第三件系双环壶，说是汉器。其实第三件也还是洛阳冢墓间所出土的物品，为吾人所习见的唐代作品。黄中慧观察出品较多。如：

（一）原题为五代的镫，实则是一个汉代的谷仓。

（二）原题宋器的一个有绿釉底香炉，我以为是一件魏晋时代的东西。

（三）原题墓中出土的隋瓶，这是一件在福建浦城以及江西南部时常出土的一群造像并有龙珠等浮雕之长颈瓶。

（四）黄自题的汝窑碗一件，不可信。

（五）黄自题的大邑碗，说是釉作乳白色，曾藏宋代某家，距今已有六百五十年，不知何据，未见详细说明。可是就图片看来，也还是常见的白釉粗碗，大邑制作不当如此，所以当时藏家的品定，又不知有何根据。

（六）邛窑盘，釉亦作乳白色，比较厚而有纹片。

（七）黄褐釉之高足碗，黄有一纸说明，是："十国南平高足碗，以《陶说》引《三楚新录》荆南瓷器皆高足，谓之高足碗，因定为高氏时候之件。"云云，其实南北窑都有此类制作。

（八）汉陶炉，看不清是哪里的作品。

（九）宋建窑兔毫盏，那是一件习见的东西。李文卿有一件壶，极为特别。浮雕着十二生辰的首形，环绕于壶口周围，首形浮雕之下，划有正月二月等文字，全然作棕褐釉色，下部无釉。就我的眼光看来，决非宋器，疑是汉或晋时候底作品，这是一件很别致的陶壶。

此外姓薛的有一只骆驼底明器，那在以后是很普通的；还有塔罐一对，磁州窑瓶，钧器、定器等数件。

书中提到 Celadon 一个名词，说是一种如海水样碧绿色的单釉物品，而为当时尝试模仿名贵绿玉的陶瓷。又说此种单釉物品之初见于英国，是由主教 Warham 赠于牛津之新学院，时在十五世纪初叶，此为西历纪元六一八至九〇六年（唐时）间自中国出口之件，当时欧洲尚未听到有此单釉物品，而在波斯及印度早已经驰名了。

其次我要说到书中所印的清代底瓷器，中间的确有不少的精品。现在就印刷较为清晰或是彩绘的几幅，易与真件相近似的，提出几件如次：

（一）康熙方形黑地三彩大瓶（第三十五图）（Famille Noire 即黑地加彩 black ground with decoration），四面画着不同之月色夜景，黑地正是代表夜景的黑暗，所以非常静穆。加上深浅不同的黄绿二色，来表现山石、树木、亭屋、舟楫、人物，对于整个儿的画面色釉极为调和，是以于静穆之中，又显出异常的幽美。此种作品，为一般西洋人所爱好，当时已极名贵，此刻更不易见到了。

（二）康熙黄地三彩罐（第三十九图）（Famille Jaune 即黄地加彩 yellow ground with decoration），画作梅雀竹石。梅枝作绿色，老干茄紫色，瓣白，蕊黄，雀身紫而尾绿，头部作深褐色，竹绿，石紫，亦有分出深浅的绿色，如此色釉，恰巧是一幅绝美的翎毛花卉画。幽静之气，扑人眉宇，为康熙瓷器中无上妙品。

（三）康熙仿龙泉壶（第五十一图），此器系仿铜器，全身单釉青色，两侧有兽环，腹部饰以饕餮形的花纹，是一件康熙窑中最好的仿制龙泉底作品。

（四）康熙白地青花瓶（第五十七图）式样极优美，画的是竹与菊，秀逸之品，自属不同凡响。

（五）雍正粉彩瓶（第八十二图）（Famille Rose），是雍正窑的精品。画面为粉红色的梅花，绿的枝干，抹红的芝草，翠绿的竹，加上两只雀儿，停枝欲飞，极为生动。此与故宫所藏雍正珐琅窑梅竹先春盘相近。

（六）乾隆粉彩天球瓶（第九十五图），矮颈宽肚，高二十英寸，画的是梅花喜鹊，实为乾隆粉彩中至精之品。

（七）乾隆粉彩插屏（第一〇五图），尺寸是二十四英寸 × 十八英寸，画的是大幅山水。此种作品，为乾隆一代最为精到的制作；而山水画的作风，虽然脱不了"四王"的藩篱，却还有点空灵超脱的意境，这是与以后不同的地方。

（八）乾隆铜胎珐琅彩香炉（第一一〇图）。高十六英寸，及鱼缸（第一一二图）（直径二十四英寸，高十八英寸），同为乾隆窑的作品，画着欧洲十八世纪的风景，两件均极精美。

（九）乾隆烧料瓶（红套料）三件（第一一六图），亦为乾隆时作品，极为精致。

原书虽是三十年以前所出版的印件，自难与最近十年来的印刷相比拟，可是印得已经很不错了。不过原色版只有十二幅，所以尚有好些精品，不易显露出它的优点同特色，这是一件遗憾的事。

就此一册所陈列的物品看来，可以窥见当时西洋人所爱好的风气。固然宋以前的不为他们所重视，就是宋代的钧与定，也不见得怎样了不起，自然当时官窑的物品，更属茫然，一无所知了。而在当时最名贵的，当然要首推康熙窑的黑地黄地底大件器物，以及所谓郎窑红美人霁一类的东西，价值因之高贵，物品亦就陆续不断地运出海外。此刻如要搜集，真是变成凤毛麟角；何况经此战事，各地藏家，损失颇多，此种瓷器，将成为稀世之珍品。我想以后的征集保存，责任就在吾辈的肩上，同时还须要急起直追，努力进行才好。

（三十三年二月）

龙泉青瓷之初步调查

浙东龙泉以青瓷见称，由来已久，所谓柴、汝、官、哥、定一语，凡稍研究瓷器者，无不知之也。哥窑同时复有弟窑，其见诸记载者，如：

宋处州龙泉县人章氏兄弟，均善治瓷业，兄名生一，当时别其名曰哥窑，其胎质细，性坚，其体重，多断纹，隐裂如鱼子，亦有大小碎块文，即开片也。

宋龙泉人章生二所陶器名曰章龙泉窑，又名弟窑。……章生一之哥窑，即其兄也。章瓷与哥别者，哥有纹，弟无纹，以是为特异之点。

章姓，生二名，不知何时人，尝主硫田窑，凡瓷器之出于生二窑者，极其精莹，纯粹无瑕如美玉，然今人家亦鲜有者，或一瓶一钵，动辄数十金。厥兄名章生一，所主之窑，其器皆浅白断文，号百圾碎，亦冠绝当世，今人家藏者尤为难得，世人称其兄之器曰哥哥窑，称其弟之器曰生二章云。

南宋时龙泉有章姓者，名生一，弟名生二，兄弟各主一窑，而生一所制为佳，故以哥窑别之。哥窑多断纹，今温处珍之。

宋哥窑，本龙泉硫田窑。处州人章生一、生二兄弟于龙泉之窑，各主其一。生一以兄故，其所陶者曰哥窑；生二所陶者仍龙泉之旧，曰龙泉窑。又云柴窑之外，定、汝、官、哥皆宋器，至今惟哥窑质重耐藏，稍易得，定、汝难于完璧。又云龙泉窑土细，质厚，色甚葱翠，妙者与官窑争艳，此章窑在宋无疑矣。惟章窑与官窑一时并贵，而定官制自宣和、政和间，至南渡后制法稍拙，章窑亦然，则章窑之在南宋时，似非确证也。

章氏兄弟窑近世皆谓哥窑，色白而有冰裂纹，实则赝本甚多。哥窑有粉青一种，较弟窑更为幽艳。弟窑色绿，即龙泉窑也。东西商人以无纹者为贵，嗣后历元而明，而清，青瓷之可考者如：

龙泉窑在明初移处州府，色青土垩，渐不及前。

明正统时顾仕成所制者，已不及生二章远甚，化治以后，质粗色恶，难充雅玩矣。

明仿龙泉与宋无甚大异，惟其色略淡，其釉略薄耳。

仿龙泉者曰丽水。……

刘瓷仿哥之鲜艳，厂人俗谓之绿郎窑，沪滨谓之果绿。……则又满身纹片，且甚细碎，价乃奇贵，即雍乾所仿，亦珍同拱璧。

雍正所仿龙泉，皆无纹者也，制佳而款精。

清唐英在景德镇所仿，胎釉乃迥乎不同，大抵豆绿色，有暗花者，即唐所仿也。

十七年夏，余以视察旧处属各县地方政务南行，其初也，即以龙泉青瓷之见于载籍者，摘录若干则置之行箧，为便中实地调查时参考。及至龙泉，证以当地人发掘古墓时所得之器物，则青瓷以外，有类于洛阳方面冢墓中所发见之唐瓷。龙虎瓶也，五嘴瓶也，向不为瓷学家所称述，然而价值奇昂，往往流诸外洋，为彼邦博物馆所罗致，国人则欲求一见其器物，且不易，遑云研究。

此外青瓷之出土者，什九为商人所得，转而贩往沪上，以善价而售诸外人。最近旧瓷碎片之成箱装运外邦者尤多，夫在清初已有"李唐越器人间无，赵宋官窑晨星看"之叹，而运会所至，乃有今日之发见。顾出土器物虽丰富，国人茫然视之，竟不以为宝也。因此发愤，愿以视察余暇，从事勘查，勘查之后，试记大概，以唤起国人之注意，自问固谫陋，亦不暇计矣。

宋代青瓷之所谓官窑，所谓龙泉者，俱如上述。龙泉即弟窑，章生一所主者，以别于生二故，遂称哥窑。然而按诸现在当地称谓，则哥窑、弟窑所在地，概以大窑目之。此外宋代龙泉瓷窑就余所知者，尚有木岱一处。明代青瓷窑基之在龙泉县治区域内者，经此次短时间内调查之结果，则知有硃湖、溪口、孙坑、胡边月等数处。在庆元者为竹口，新窑，在丽水者为宝定。凡此地址，均为向来文献所不载，而明代顾仕成窑之在竹口，及从前只知明仿龙泉移于处州府而不详其地点者，今则所留遗迹，确凿可考矣。于以知古籍记载之仅凭传闻，转辗抄录者，苟欲加以证验，非实际调查不为功。同时实地经验之结果，往往竟有出于意想者，证诸此番调查而益信。今以余所亲历，暨访问所及各地，一一述其大概如次：

甲　亲历部分

（一）大窑：（宋代章生一、章生二）在大梅东，离龙泉县治八十五里，西距小梅镇，西北距查田市各十五里。村在溪北，一石桥跨溪上，沿南岸行，约数十步，即见有曾经挖掘之洞穴数处。更进则土阜坑阱，遍地皆是，旧瓷碎片，以及烧窑时所用器托，狼藉满地。计其区域约广十余亩。溪北沿路亦见碎片颇多。据土人云，四围窑基散布，约在数十处以上，惟何者为哥，何者为弟，不能区别。此处民国二三年开始发掘，五六年时乡人之在此挖古器者（本地人之词），日有数百人，因此所出青瓷，亦以此时期为最夥。前年有法国人某，由松阳教会介绍来此，装去碎片甚多。

（二）竹口：（明顾仕成及其他）属庆元，北距小梅镇三十五里，南距庆元县治六十里，为龙庆交通要道，窑基位在市镇后街一带山麓地段，据当地人云，窑基约有十余处，如后窑许家、后窑陈家，均可考也。惟顾仕成窑究在何处，不能确切指明。余于后窑许家处，觅得窑基一处，旧碎片遍地，一如大窑。所谓后窑者，其为对于大窑之宋窑而言欤？

（三）胡边月：（明）龙泉八都镇西南约二里许，八都距龙泉县治六十里。窑基靠近山坡，现为民家菜圃，碎片不甚多，盖窑基全部尚未发掘故也。

（四）宝定：（宋？明）在大港头镇对岸，地属丽水，东距碧湖十五里，县治六十里。市镇附近错落散布高阜甚多，土人以窑山名之，实即窑基也。烧窑器托，散在四围，旧瓷窑片，俯拾即是。如此情形之窑山，约有二三十处。德人某曾于前年来此，要求购地发掘，未曾办到。

乙　访问部分

（一）木岱村：（宋）离木岱口五里，东距八都二十里。

（二）硋湖：（明）龙泉南，离县治三十五里，为往庆元所必经。

（三）溪口：（明）查田北十里，离龙泉县治六十里，亦为龙庆间要道。

（四）孙坑：（明）查田西南十五里，离龙泉县治八十五里。此处仿宋青瓷出品甚多，土人谓之孙坑货，现有土窑专制粗品。

（五）新窑：竹口南十五里，离庆元县治四十五里。

（六）上羊头：（清）八都西十五里，是否仿青，抑系寻常土窑，不详。

龙泉瓷泥细腻而洁白，识者谓在景德之上，吾人试就大窑出品碎片检之，所谓土细质白，洵非虚语。若宝定、竹口、胡边月，则粗而带灰，固远逊大窑矣。其故由于瓷泥之选用，各有其区域。大窑余不得而知，胡边月则采用沉屋，木岱窑即取诸木岱本村。今将瓷泥出产地域简述如次：

（一）木岱村：距离见前，为龙泉所产瓷泥中之最佳者，此处现有土窑数处。

（二）东元坑：孙坑，半边月土窑则用此处瓷泥，距孙坑约五里左右。

（三）沉屋：离八都十里。

（四）历洋：离八都二十一里，瓷泥较沉屋为次。

（五）源底：现在黄溪口土窑即用此处瓷泥。

（六）宝鉴：本村现有土窑十余处。

（七）溪头：八都北二十里，本村现有土窑十余处。

（八）河碟挑山：现在周源村土窑即用此处瓷泥。

（九）东音口：本村现有土窑一处。

（十）五都坝：木岱口镇南五里，此处现有土窑。

（十一）车孟黄金泽：本村现有土窑一处。

（十二）坑口：本村现有土窑数处。

（十三）塘上太平下：木岱村北约二里。

（十四）岭上：现在埠头土窑即用此处瓷泥。

（十五）大坦村大塘湾山：木岱口镇东五里，本村现有土窑一处。

龙泉庆元附近以及丽水宝定青瓷之蕴藏，除完整者无从估计外，地面上所留存之碎片，已丰富如此，实为自来研几宋元明清青瓷者所梦想不到之奇遇，万里目所染，耳所闻，随时随地，辄就我一时感想所及，笔诸小册，另详《龙泉访古记》，兹不复述。顾龙泉青瓷在历史上之价值既如彼，而此番短时间内调查所得关乎窑基地址及蕴藏显露之材料复如此，搜寻而采集之，整理之，此时实为不可多得的机会。假定政府能遴派专员，驰赴各该地切实调查，成绩必可观焉。爰就所知，率贡臆见如下：

甲 目的

（一）切实调查在丽水、龙泉、庆元三县境内之宋代及以后仿宋青瓷各窑基之地点区域，为自来文献所不载或阙略而不详者，予以充分之勘误、证明及记录。

（二）依各该地搜集之成绩，为供给比较研究之资料。

（三）以搜集所得，分别陈列，为从来收罗青瓷未有之大观。

（四）预备将来整理之结果，编印专集，为研究青瓷者惟一的参考。

乙 办法

（一）工作类别

1.调查（窑基之地点、区域。）

2.搜集（散布在地面上及发掘后之整件、碎片，并其他附属器物。）

3.发掘（窑基及必要时之古墓。）

4.采取（各处瓷泥。）

5.收买（必要时收买已出土之器物。）

6.摄影

7.记录（日记。）

8.报告

（民国十七年五月）

第二次调查龙泉青瓷所得之观感

龙泉青瓷好之者往往斤斤于器皿之完整，釉色之葱翠，依然为玩客之心理，而以碎片为研究龙泉青瓷之对象者，实不多觏，因此我复有龙泉之行。

此番调查所耗费之时间极短，以浙东缙丽、云丽、云龙诸路，均已次第通车，省时间，省旅费，至以为便也。我所亲历之古代窑基为：

（一）瓷窑（属丽水）

（二）大窑、新亭、金村、岱根、砖头、大磨、砖湖、幕窑、前赖（均属龙泉）

（三）竹口、枫堂（属庆元）

所见到之土窑为金村、半边月、孙坑、蜜蜂岭四处；剑池系砖窑不复列入。

所获得之陶土为：

（一）昌岗：金村土窑所用，产地离金村五里。

（二）溪坞坑：孙坑土窑所用，产地离孙坑三里。

（三）东元坑：半边月土窑所用，产地离半边月甚近。

（四）木岱和尚山：龙泉瓷业工厂所用，产地在木岱。

（五）蜜蜂岭下：岭上土窑所用，产地即在岭下田间。

古代窑基中，大窑区域最大，发掘亦最甚，碎片器托，触处皆是，可以尽量检拾。坳头离大窑仅五里，窑基颇广。此外岱根、新亭、金村三处，范围稍小。然在此南北二十里间就已发见之五处窑基言，其出品实属同一系统，且为同时遭遇一种事变停止烧造者。至其事变之究竟若何，殆为传说中之洪水为灾欤？

琉华山即在大窑，因此大窑与琉田之为一为二，不待我之辞费。顾我尚有数问题焉：

（一）大窑有章生二之作品，就碎片可以证明之，毫无疑义，究竟生二之确实窑基，在于何处，极难判断。

（二）章生一所陶者，是否亦在大窑，无从证明。

（三）有"顾氏"字款之碎片，在大窑发见颇多，是否即系顾仕成之出品？

（四）大窑自宋（假定为南宋）迄明，时间颇长，何时遭遇事变，颇有研究价值。假定顾仕成窑亦在大窑，则大窑之遭遇事变，当在正统以后，化治以前（即西历一四四九年至一四六五年间），因顾仕成固在正统时烧窑也。

（五）大窑附近二十里内各窑所用之陶土，究在何处？

凡此种种问题，均属有待于异日之解决者。至溪口大磨，则器皿之制作、釉色，均极精良，实为弟窑同时代之出品，而前次访问所及以为明代者，确系传闻之武断矣。除此与弟窑相类之出品外，复以溪口民家获见隐纹鱼子之物件，此实一极有兴趣之问题。

砬湖以碎片言，其烧造之年代，似较大磨为后，故其制作釉色均远不如大磨，然与竹口又有别，盖竹口之出品，胎极重，釉极厚，显然为另一系统之制品，枫堂则与竹口颇相似也。幕窑，前赖，均极粗拙，所谓化治以后，质粗色恶，难充雅玩者，或即指此。丽水瓷窑之碎片，较为复杂，殆混有别处瓷片，亦未可知。顾其制品胜于宝定，可以断言。是载籍所记龙泉窑之移于处州府，称为丽水窑者，固指此离城七里之瓷窑，而非大港头对岸之宝定也。

综观古代窑基之散布，先则群集于大窑附近，次则扩展至龙庆大路左右，最后则沿大溪东下，以至宝定丽水；而龙泉西乡各窑，或由大磨分布移植，亦殊可信。大凡窑之存在，第一须出产陶土地点相近。大窑之所以成为当时瓷业中心地者，或其附近，富有陶土之出产，此不难推想而知者也。第二须与运输方便。龙泉虽系山乡，全恃担夫挑运，然在龙庆大路附近，正可利用秦溪，以为运输，则窑基之渐由大窑山乡，移至可通竹筏之溪流地域，此为事实所必至。嗣后制品销路日广，群相仿造，以竞争市场之关系，致在大溪附近设窑制作，以便输出，又为事势所当然。由此考察散布状况，以推论各窑之先后时代，或能得到相当消息。拟俟下次调查，证实此说。

至各处碎片之有字样者，以大窑为多，竹口枫堂次之，今为列表如次：

（一）大窑：福（正书一种，篆书两种，草书一种），吉（正书一种），吉利（正书一种），金玉满堂石林（篆书一种），秀（正书一种），上党（正书一种），平昌（正书一种），河滨

（篆书一种），清溪（篆书一种），寿（正书一种，草书一种），石林（在碗底无釉处凸花两侧一种，反文一种），张（篆书一种），李氏（篆书一种），王（正书在花纹旁一种），积（正书一种），定（正书一种），宝（正书一种，篆书一种），礼（篆书一种），顾氏（篆书一种，行书一种），河滨遗范（正书一种）

（二）金村：河滨遗范（正书一种），天下太平（正书一种）

（三）竹口：正（釉写一种，在花纹上一种）

（四）枫堂：金玉满堂南阳（正书一种），福寿（草书一种），卍（一种），刘（篆书一种，行书在花纹旁一种），林妹（篆书一种），宝（正书在花纹上一种）

最后我于此次调查龙泉青瓷，复引起我一极有研究价值之问题，即所谓早期之龙泉青器是也。据吾人现在所已知道者，龙泉青器曰章生一，曰章生二，前乎生一、生二者，为载籍所不详，即与生一、生二同时者，亦未见有其他业瓷者之姓氏，我于此有疑问焉。我以为章氏兄弟之在当时，实为最负盛名之二人，同时之业此者，必不仅章氏兄弟而已，此其一。就章氏兄弟所出品者言，其制作，其釉色，必非一蹴可几，其由于层积多数人之经验造作以迄章氏兄弟之成功也无疑。如此所谓层积多数人之经验造作者，其间必须相当之年月，而前乎章氏兄弟经由多数人所经验造作之制品，此即所谓早期之龙泉青器，意者必能在龙泉以证明之，此其二。其次在理论上吾人如已承认早期龙泉青器之存在，则此早期龙泉之青器，果作何种式样，显现何种色泽耶，此其三。此外所谓早期者，大约开始之时期，及其烧造之所在地，与夫除此冢墓间所发现之明器外，是否尚有日常所需要之用具，此其四。

　　总之，早期龙泉青器向所未闻未见者，我以为必有充分明了之一日。曙光一线，端赖好学深思之士，潜心研究耳，我不禁翘首而仰望之矣。

（民国二十三年十月）

龙泉西南北三乡之古代窑基

半年来我以僦居浙东之方岩山中，处属各县，相距尚近，因此得有访古龙泉之时机者凡两次。一在二十七年九月，应姜君心白之邀，其目的则专在视察龙泉最近烧造之情形。我则极愿利用此机会，对于龙泉北乡之古代窑基，予以初次之调查，其结果竟有出我意料的收获。一在二十八年一月，以有庆元之行，遂往大窑为第三次之考查，所发见者亦颇沾沾自喜，薄有价值。一切情形，除详载日记外，复循往例，简述一二，以供当代研究青瓷者茶余酒后之谭助。

一、西乡部分：所谓西乡者，系指八都而言。是地多土窑，如第一次调查时所见，惟自此次经涉，曾进至木岱口。土窑之见及者，于上洋之徐永昌考察最为详尽，因而窥见全部工作之程序。于大滩，则参观仿古小窑，此为龙泉赝品之制造地也。闻溪头出品最胜，瓯沪骨董估客，在此烧造者殊不鲜，近则永嘉亦有此种小窑，出品颇可乱真。其实古代烧造者，经过千数百年地下之埋藏，宝光内敛，已无丝毫火气，仿古物品，虽则色釉匀称可爱，终觉浮光四溢，面目簇新，一望可知。我常以之喻丝织品，一就天然丝所织成，一则人造丝也。此天然与人造之区别，可以就丝织品而判断于俄顷者，亦即古代烧造之龙泉与仿古小窑作品，一经明眼人之鉴别，即属无可遁影者相同。至古代窑基之在八都者，仅见厚朴地一处，即第一次访古时所指之湖边明窑。然据此次所得之碎片观之，几与溪口之大麻窑相近似，色釉式样，均属可观。因之此次调查所见，实可纠正第一次观察之误。此外所用泥土，土窑改用石才村，仿古小窑有用所谓麻枯泥者，均经携回原料，拟化验之以觇其成分也。

二、北乡部分：北乡古代烧窑所在，我于第二次调查时曾发见前赖、幕窑（梧桐口）两处。此番所发见者，有道泰窑、道泰东窑、蛤湖窑、大棋窑、丁村窑五处。此外就我所知者，仅有东乡安福窑一处，尚未加以考察耳。道泰窑作品，尚属优秀，确为明窑。道泰东窑则发见画像而兼有文字之碗片甚多。此种物品，向不悉其出处所在，即东西洋专著中，亦属言人人殊，未曾归入龙泉作品中也。此次忽然发现，数年存疑，一旦解答，中心欢愉，不言可知。从此道泰东窑在龙泉青瓷史上，将占有一页之地位，殆无可疑矣。而我于发现之余，弥觉吾辈研究龙泉青瓷者，若有一分劳力，必有一分收获，可以深信。且在此剑川山中，正蕴蓄无数宝藏，期待吾人之开发耳，兴念及此，为之感奋不已。蛤湖窑似已较道泰东窑为次，往常所习见之团花长命富贵文字之碗，即属于此，是亦一发见也。大棋、丁村，并无特殊制作。至第二次所发见之前赖窑，此番亦得碎片若干，碗边内外缘，均有雷纹图案，一如国瑚诸窑，此又北乡明代制作之共同点也。大抵北乡各窑之时代，相距并不甚远，因是作风尽有不同，究属无大差异。然则安福窑之作品，大概亦可明了。所谓弟窑在安福之说，直是齐东野人之谰言，不足信也。

三、南乡部分：南乡为古代龙泉烧瓷精华所集，此次所见之大麻窑，为我调查之第二次，大窑则第三次矣。溪口大麻之有窑，原为典籍所不载，我于民国二十三年发见以后，曾将所获碎片与同好者商讨，并于浙江文献展览会上陈列之。于是湖滨骨董估客，始知"大麻"二字，其黠者因此遂能道及溪口大麻，历历如数家珍。然而我所获得之标本，经此浩劫，业已全部散失，大麻制作，不复可征，心甚痛之，因发愿重游大麻，搜集之，以为后之研究者，得一实物浏览之时机，此我第二次往访大麻之因缘也。至其地，碎片已非复昔年之遍地皆是，于是勉强搜集使成一组，而最佳之标本，已不可复得，深觉怅然。后于某估处，得见凤耳瓶残器，大麻物品制作之佳良，依然动荡在我胸臆间，足证第一次所见之不谬，良堪自慰。同时，大麻窑亦足以千古矣。顾大麻物品，在南乡各处不为一般人所重，提起溪口之大麻，若甚鄙之者，所见所闻，尽系"大窑"二字。大窑诚足以代表当时龙泉之青瓷，然而大麻之与大窑，虽不能媲美并驾，要亦在伯仲之间，何世人之厚于大窑而薄于大麻竟如此耶！我愿有第三次往游大麻之机会，拟尽数日之力，希望于大麻窑之制作，有所光大与发见。我今悬此理想，期于实践，大麻之幸，抑亦龙泉青瓷之幸也。至于大窑，此去之收获：（一）向在大窑，忙于检拾碎片，未暇为之留意方位，此番则确已明了南部窑基，实为明代烧造之所。其特点，则在盘之中央部，十九均有印花，我于飞马过海印模证之，是为朱明初期之作品。第二次调查时所搜集之有文字碎片，亦即在此处发现，可知印花与文字，为同一时期流行之作风。其在文字方面，此番所得之标本，除第二次调查报告所列举者外，有石林（正书）、日高（在印花右侧上方）、剑川（正书）、清（篆书）、叶（正书）、禄（篆书）、积（篆书）等多种，设能假以时间，尚可获得其他文字。此种风尚，由大窑而南，延及金村枫堂而止，嗣后竹口所制，又是别具风格。可见当时各地制作，自有其保持特异之色彩，而不欲争相摹仿。此种独创作风之精神，我于龙泉诸窑见之，弥可贵也。（二）大窑北部坳底，最初一年来发现当时烧窑窑基，碎片器托，广可数十亩，双鱼洗及凸起牡丹花纹残片，俯拾即是，是为大量生产此项物品之窑基无疑。其次俗称之葱管炉、鼓钉炉残器，亦复不少，其为大窑当时最优美之烧瓷场所，又可深信而不疑也。其左，盘与炉之大件碎片最多，是又可见稍左部分为专事烧造此种物品之窑基，其式样花纹，与往年所调查之坳头窑相似。以地理言，坳头与坳底相距仅数里，同一时间，同一型式，亦为事实所许可。而在此广可数十亩之碎片中，却未曾发见有文字者，宋与明制作之不同，此或亦一论证欤？同时以地势言，可以推测坳底附近山坡，以及对面沿山田边，似为当时各窑窑址密集之处。如此一片山地，设有正式发掘机会，定能为龙泉青瓷启发不少重要宝贵之材料，可断言者。

此外，我于庆元之新窑，获得碎片，断为晚期明代作品，色釉远在竹口之下。可知所谓新窑者，系对竹口而言。竹口之创造在前，新窑之继起在后，故曰新窑。且依交通言，新窑与闽之松溪相距最近（只三十里），当时竹口出品之输出，与其谓由秦溪而至龙泉，沿大溪而达丽水，毋宁谓为输出于闽北者为便。输往闽北，必经松溪，往松溪，必经现在之新窑，如此推测，则在竹口窑输出兴盛之际，新窑遂以地理的便利，起而与竹口相竞争，非无故也。另一方面，则依新窑碎片所见，似以烧造日用盘碗者为多，其以日用品输出松溪，以供闽北各地之用，实亦当时烧瓷工业竞争市场所应有者。我于此，又得一假定焉，即南乡以竹口、枫堂为主，新窑为附，以输往闽北为其主要市场。北乡各窑，群在大溪边，利用溪水交通，达丽水、永嘉以出海，而此北乡诸窑，实踵大窑之后，竞起烧造，以故均系朱明时代产物，无一为赵宋时期者。依此论据，源口、赤石之后，宝定、磁埠，以及瓷窑各处，悉属位于大溪下游之有利地位，而与北乡诸窑争夺当时之市场，又不难推想而知。并世通人，或能首肯此说否耶？

（民国二十七年九月及二十八年一月）

龙泉大窑之新发见

今年一月，曾往大窑；越三月，又有机会，作大窑之行，中心之欢悦可知。顾前乎三月所见者，为一未经闻见之坳底窑，此在当时，实为最大之发见，兹役也，于坳底窑基所在地，又获得一新收获，发见一新曙光也。

此新收获，新曙光，其将在龙泉青瓷史上留得灿烂光辉之一页耶，我虽不敢必，然其关系之重要，自十七年第一次开始调查以来所未曾遭遇者，则我敢断然言之矣。

关于研究龙泉青瓷之最大问题，多少年来横梗于我之胸间者，即为章生一窑之烧造地点。其在大窑耶，抑另有地耶，此其一。所谓章生一之哥窑，究属何种物品；所谓百圾碎，所谓紫口铁足，又作何状，此其二。我自十七年第一次调查大窑青瓷以至今年一月，已三次矣，此横梗于我个人胸间之疑问，固无日不萦回盘旋于我之胸际，而终不得一明确之解说也。学识浅陋如我者，固不必论；然而数年来东西学者，如日本之已故中尾万三博士，确然致疑于哥窑之说之为无据，以其所闻所见者，在大窑方面，均不能获得所谓哥窑之碎片以为佐证也。福开森博士，前年来湖上，亦以哥窑之碎片究作何状为询。是龙泉之章生一哥窑，实一难以解答之哑谜。

曩者，清宫物品曾经公开陈列者数次，所见哥窑，衡以嗣后在欧美图籍上所揭载者，可谓错综庞杂，不一其状，因之研几愈久，愈觉迷离恍忽不可捉摸。哥窑，哥窑，诚一难以解答之哑谜矣！

此次在大窑坳底，竟获见所谓黑胎骨，获见所谓紫口铁足，与曩之所谓白瓷胎，所谓血底足者，竟大异其趣。其性状，其釉色，几与数年前杭州发见之乌龟山官窑碎片相同。至其制作之精美细致，实可与南渡后邵成章所监制者相媲美，而无所轩轾也。至此，遂有若干疑问随之而起：

（一）此黑胎骨紫口铁足之作品，即哥窑耶？

（二）哥窑与杭州乌龟山官窑，以何因缘而能如此一致耶？

（三）邵成章所监制者，悉就汴京遗意，与以仿制，哥窑制作，亦受此大梁作风之感召耶？

（四）如以此种作品为哥窑，何以在龙泉如许烧窑之环境中，摹仿哥窑之制作，竟如是其寥落耶？抑所谓开冰纹片，而其制作釉色与乌龟山官窑相近似，惟其底足略呈龙泉本色者即是官窑之百圾碎，而为当时仿哥之作品耶？

（五）如以此种作品为哥窑，则向之所谓哥窑体重耐藏者，似与今之所见，绝不相类。同时典籍所记载者，仅言质细性坚，而未曾明言与章生二所用之瓷质有绝对不相同之一点，何耶？

凡此种种疑问，咸成一时不易解答之难题。但以向所未见之制作，今于坳底发掘得之，此非一新收获耶？昔之以哥窑为谜者，今虽未能解答其难题而尽发其蕴，然而有此发现，可以为嗣后研究哥窑方面辟出一条途径，此非一新曙光耶？

此外于高漈头方面，发见一窑基，察其所制，与坳底相伯仲，是为同一时代之产物。然则当时大窑之烧造，殆以坳底为中心，高漈头则与之遥相呼应者也。同一作风，同一范畴，相距仅数里间耳。由此可以想见当年大窑烧造之盛，足令吾人之生于千载下者，摩挲遗物，不禁为之嗟叹不已也。

（民国二十八年五月）

一年半中三次龙泉之行

在此一年半之时间中，我曾往游龙泉三次，均能各有所获，至足欣幸。爰为之简述如次：

一、于大窑，发见高漈头东窑一处；于溪口，则实地考察瓦窑垟窑（即墩头窑），并发见庙前窑。

二、墩头窑之作品，胜于大窑之坳底窑，以其胎骨薄，制作精，更与杭州乌龟山官窑相近似也。

三、除黑胎之墩头窑以外，我又见白胎骨仿官仿汝之作品，为大窑最近所发见者。

四、造瓷工具之继续发现，如旋转工具，双鱼洗印模，探察火候之试色小器以及调色杵等，均能在大窑得之，足资吾人研究。

五、向以溪口之大麻窑作品，足以媲美大窑，今见墩头窑之制作，远在大麻之上，是溪口诸窑之烧造，当以墩头为最胜。墩头以何因缘而能烧造如此优秀之作品，是一值得探索之问题也。

六、墩头与坳头两处之黑胎作品，其为同一时期，可以假定。但如认此黑胎作品，即为哥窑，则所谓哥窑者，在大窑耶，抑在墩头耶?

　　此外,墩头作品中,颇多仿自铜器之式样,其为沿袭两宋官窑之作风,昭然可见,此实为龙泉造瓷中之黄金时代。后人徒以梅子青之色釉谓为龙泉之特征,我以为不足以概括龙泉制作之优点;所惜者,个人力量薄,未能罗致此种标本,以供吾人之研讨耳。

　　　　　　　　　（民国二十八年六月,二十九年一月及七月）

龙泉访古记

十七年五月三十一日（在龙泉）

……济川桥……路旁有许多坟墓，曾经发掘过。据刘君说，在民国十三年时有一个龙泉县知事，大提倡其掘坟，因此凡是稍大一点的都被发掘了。他们发掘坟墓的时候，先以铁条试探，如其下有石板，就可挖掘，大概都在晚间。宋朝龙泉人做尚书侍郎的很多，当时有所谓八家大姓之说（如管、何、瞿诸姓均是），所以宋朝大官的坟墓，的确是很多的。就依县志记载，亦已不少了。当初那位提倡发掘坟墓的知事，其动机完全为的是要得古物，听说收罗物件，确不在少，或许其中还有买卖的情形呢。

……折至西街通和公司，看龙泉瓷业工场出品，只有寥寥数种，并且还不是上等货品，所充斥的完全是景德镇的瓷器。以龙泉产瓷的地方，有此现象，可怪！

饭后，参观浙江省立改良瓷业传习工厂，离城约四里余。……工场新近由县政府会同工场筹备主任及保管委员查封。

本来工场曾经引起过多年的纠纷，最近省派主任董君计划复工事宜，现董已赴省接洽。工场内仅留有从前文牍一人在彼看守，所有存货存料，一一查封，以免损失。

吾们先在楼上小坐，于玻璃橱内见到许多样品。关于花瓶茶壶等种种图案画，或是山水，或是人物，终脱不了向来中国瓷器的窠臼。图案不是"寿"字，定是蝙蝠，山水都是我乡所谓"怕人山水"一流。人物更恶俗，什么福禄寿三星啦，昭君出塞啦，人家看得讨厌极了。大红大绿的色釉往上堆，很少一种轻描淡写的神韵。花卉不过富贵长春，岁朝清供等几种老样子，论到式样也没有什么的改进。其弊因为办理的人是完全一个门外汉，而所聘的技师，又是师徒衣钵相传的江西老表，丝毫没有革新的技巧，进步的制作，徒然是依样画葫芦，惟景德镇的成法是从。其结果为着办理不善，出品的成本反而高过景德镇所产，于是乎销路就滞钝了。同时不晓得利用宣传广告方式，也不知道于通都大邑设立分销处，或是特约处，所以即使有些爱好龙泉出品的人们，也不晓得往哪里去购买。兴办实业如此，哪能不失败呢！

样品中有一种牛奶杯，式样仿西洋货，做得很好。原来龙泉出品所用的原料，比之景德镇的，据说好得多，所以仿造洋瓷，最为适宜。不过据我的眼光看来，白色中微带一点青色，这是美中不足的地方，或许可以改良。

复去参观做坯部，存留的坯件还多，很可以烧几窑，窑场有八个烧火的门，经过窑的内部，传到窑底，分两部分通入烟囱。旁边一个较小的窑，已坍倒了。彩画室仅存一所空屋，别无陈设。空场上的草长得很高，许多房屋有倒坍的倾向。该工场从前糜费省款数十万，办理十余年，结果如此。官办事业，大概如是。这一回的复活，我很希望能够振作精神，刷新一下。出工场从原路回城，访廖剑川君于西街。此君能做仿古物件，我曾看见过几种……

六月三日

……在庆元……与蔡君闲谈颇久，蔡君住中济，离此七十里，昨天路过小梅时，就要去打听他。他是庆元县里一位老辈，字写得很好，极欢喜研究龙泉瓷器，我同他就谈了许多话。承他告诉我几处地方可以看到些真的大窑物品，竹口窑在镇后山边，时常可以挖到瓷器。大窑离小梅十五里，旧时窑基还可寻到……

六月五日

……在竹口……由吴生领到山脚边，从一小径上去，其实就在人家房屋的后面，不过数十步而已。有一处四围略有小矮墙，地面在斜坡约高出三四尺，现在是种了些菜蔬，四周破碎旧瓷片极多。自民国八年以后，本地人就在此处挖掘，听说破的居多，这是挖掘不得法的缘故。吴生对于窑的确实地基，不能指定，不过说就在附近罢了。据我看来，此高出斜面三四尺一块地，十之八九是窑基。随即摄取两片，检拾各种深浅釉色花样碎片约十余种。方要回校，遇见了一位姓田的，是模范小学的教员。据他说沿这山边都是窑地，此处就叫后窑许家，往前数十步就是后窑陈家。我想这大概是窑户的姓，至于后窑之"后"恐系对于大窑之宋窑而言。此为明窑，故称为后窑。那末如此解释，新窑地方一定也有窑的，这"新"字又对于后窑而发生的，可以推想而知。可惜我在新窑，没有打听过，不晓得现在尚存窑基否？

　　田君寓所离此不远，他邀我到他家里，得见大花瓶一，约高二尺左右，系牡丹花，颈部有文字五行，是："蓬堂信人周贵点出心喜舍青峰庵宝并（瓶）一对，祈保眼目光明，男周承教承德二人合家大小平安，天启五年十月吉。"田君说：从前这种花瓶香炉在寺庙里很多，后来晓得系值钱的东西，就有许多人偷了出来卖钱，甚而至于人家的东西，亦多失窃，所以稍为可以看得过去的物件，都藏起来了……

六月六日

　　五时起，六时十分起程。今早雾气颇浓，出门时还是仿佛微雨似的。从小梅镇斜向东北，约二里上岭，其时天已晴好。在岭上望小梅镇，完全为雾气笼罩着，下岭三里大梅镇，人家只有十余户，跟小梅比起来，相差远了……

　　十里到大窑，此处有初级小学校一所，晤教员谢、周二君，由他们引导去看从前的窑地。离校只有数百步，在对面的山麓，面积约有三十亩，挖掘得处处都陷成大阱。破碎瓷片，满目皆是。据说开始挖掘在民国元二年，十余年来出过不少好的物件，先后都被古董商收去了。破碎的瓷片我随便检拾得十余种，大小烧窑时的器托亦多散在。看他们挖掘的方法，或是从旁边挖进去，或是开成一个大的穹窿，当然是讲不到什么科学方法，所以即使大部分在地下是完好的，挖掘的结果，必定毁坏了十之八九。

我看见有几种碎片，原来的形式还留存着一部分。左面大路边亦都是窑地，碎片遍地皆是。据说从前此处瓷窑很不少，到底哪个基地是哥窑，是弟窑，此时无从而知。不过我以为要是合理的发掘，可以从瓷片上证明。现在碎片纷乱极了，要鉴别亦颇感困难。此种碎片，现在没有人顾问，我想在考古学上是很有意义的，因为此处种类颇多，色彩式样，以及其他种种，很可以排比起来，作一系统的说明。于研究上有如此丰富的标本陈列着，还有何处可以找得到呢！至于物件的完整与否，这不过是供赏鉴家的玩意儿，实际与考古学没有多少关系，可惜我不是专门研究考古学的，尤其是古瓷器的一部分，何况时间匆促，万不能允许我耗费多少光阴，在这检拾碎片上用功夫，亦只能于短促的时间，随看到，随检拾罢了。照了几张影片，回到学校。许多本地人以为我是收古董的商人，大的小的捧了许多，我也要学那赏鉴家的脾气，凡是破碎的有缺损的或是只有冲口的，仅不过看看而已。

……计在大窑盘桓了约两小时左右，别了谢、周二君，仍走原路，到相距大梅约五里地方，分道往西北，过大梅岭，十五里查田市，午饭，此十五里足有二十里。

在查田见到龙虎瓶一对，其实就是前天路过时所没有给我看的，系炒米色釉。所谓龙虎瓶，其实是十二生肖瓶。此十二生肖分雕于两个瓶的腰部，龙与虎特别的大，约占全部雕刻四分之一地位，其他生肖较小，买卖的称它为龙虎瓶，瓶盖是两只飞鸟。这一种物品，我以为与五管瓶，是同一个时代的东西。高约一尺左右，实价一百六十元，不能再少。听说前几年曾经出过一对，后来带往上海，大约又出洋去了。这种很难得的物件，中国自己应该保存着，否则研究的人们在国内是不容易看到的，何况国内所谓一般赏鉴家同收藏家，假使有了一二件比较好一点的东西，万不肯给人家看，仿佛是闺房中的小姐，怕人家描了样去一般，说来真是可叹！

二时由查田起程，十里溪口，过渡往西北，路极狭窄，约数里即上岭，后来路在岭腰，曲折往北往西。山间树木的茂密，在我一个月里的旅行中，要推此处为第一。溪间常看到许多斫下来的木材，顺着溪流下去。山里行人少，所以极僻静。如此十里，下岭。地名塈（吴音谢）窑。此处有土窑一处，厂名王恒丰，工人约十四五人，是典来做的。每年纳租金八十元，约二三日烧一窑，烧一次须二三天，大概能出三十余担的货物，烧柴百三十余挑，每挑九十至百斤。原料用麻洋地方的泥，离此约六里，一年付值十元，即可尽量挑用。主人年约六十余岁，自己在窑里监工。参观了许久，始就道。十里又上岭，即下，村名小高。复上岭，计五里到八都。

……据吕说，八都左右有土窑四处，附近十余里二三十里乃至五六十里以内计有四十余所，每窑货可卖三百多元，除了成本外净余一百元。一窑时间，假定今日五时烧起，到明日五时止，约用柴一百挑，现价每元约买三挑，须三十多元。

……一位姓黄的来说，他于前年曾租烧过半边月村的窑，并且亦能仿做大窑货。半边月村虽离孙坑不过隔一条溪，该处用的是东元坑的泥土，离窑只五里。八都窑厂所用的是沉屋的泥，离此有十余里，一日可挑两次。麻洋泥比沉屋泥还要次。查田北面的溪口亦有窑，约十处，系明窑，大概在南乡所见的瓷器，往往是溪口货。离此处二里，地名胡边，亦有明窑，拟明早去搜集残片。

我自从听了黄君说明溪口窑，才晓得今天过渡的时候，所看到的破碎片，的确是有窑的地方。今天到此处，得到了许多的材料。

溪头李某可以仿做大窑货，上釉极秘密，烧好后埋入土里，有人要，才取来，往销温州、上海一带，居然可以乱真。大坦、溪口、木岱口、上羊几处地方窑，都用木岱泥，南乡的泥比着西乡的还好。现在在庙宇里各处所能看到的新货，都是孙坑村的出品。孙坑离查田十五里，在查田的西南，北面半边月村，亦有土窑，专烧粗碗。

仿做大窑货，除龙泉廖姓外，现又得八都黄君，溪头李某，此外还有吴某，亦在八都，计有四人。各人有各人的能力，各人都能看出各人的出品，但是上釉是有各人的手法，谁却不肯告诉谁，真秘密呢！……

六月七日

同吕君往访黄君，去游湖边，搜寻明代窑基。约离镇两里左右，从一人家进去，在山坡上，就是窑的最高部分。当时的建筑，虽已没有，但是就地势看来，明朝烧窑的构造，跟现在是一致。在最高部现已变为菜园，旁边还有许多厚朴树，田地中碎瓷片很多，我又检拾了色泽不同的十余种。

我现在所有的碎片，计竹口、大窑、八都三处，其他地方拟托人代为设法，但是他人不明了我的用意，未必能够捡拾得恰当，这是无可如何的事。据黄君说，龙泉清朝的窑，并没有青瓷，就是同现在的土窑一样。上羊头离八都镇十五里，是一座清朝早期的土窑，不过他的话，姑且存疑，还得调查。

由明窑下来，顺次参观黄森发、黄德记、吴林记、郑德记四窑。他们四家的建筑，大体相同。稍稍差别的地方，就是有的在窑后最高部分，是有烟囱的，有的出火在下面，仅仅开了三四个孔穴，至于火门大概有二十个。

这四家都是自己营业。工人每窑约十余人，他们的工资，按板计算，一板手工较细的碗三角，次的一角余，酒杯每板八分，合起来上等的工人一年可得百十元，中等的七八十元，再次一等的五六十元。但是他们很懒惰，一天只做半日工。我去参观的时候，他们还没有动手。黄君告我，请司务是一件很困难的事。就是说这班工人，很难对付的。我以为凡百行业，都有此种苦处。假使你自己是一个外行，不能跳进去动手，那就更难了。四家所做的物件，都是白地青花粗饭碗、菜碗、酒杯、洋蜡台、茶盅，等等。我看见他们做碗，两只脚蹬住一个圆转机，将模型放在机上，握一把泥，两手先在模型的底部，按坚实了，然后右脚蹬此圆转机，使它急速的旋转，此时型内底部的泥，渐次随着旋转而薄薄匀铺在模型的全部，溢出在模型外的余泥，把它刮去，中间穿一个孔，为的是排泄气泡，最后用一块皮,将内部轻轻的按刮一下,就算成功了。手工纯巧的做得很快,等到做到第十二或第十六个的时候,就依次的脱出模型,只需在旁边吹一下,四面就同时分离,一合即出,此时的泥还是湿的,就放在板上晾干。等到干了,再要磨底,于是画花上釉,预备去烧,大概做法如此。学徒三年可成,不过他们只能如此做法。师傅怎样教,徒弟便怎样学,这就是师徒制度之下不能改进的缘故。

每年一个窑,约烧十次,每次出品四十余担,所用柴火每一窑须一百七八十挑,出品上等的十余元一挑,次的六七元不等。此地所用泥土,都是沉屋挑来,挑土约费十元左右,便可随便你挑用。

开办一个土窑的成本,大约二千余元,一座窑约三百余元。此外就是烧套同泥模,房屋是很有限的。他们所供的神,是用红纸书写,在窑的前面一个角上,有个小小的神龛,上面写着本殿师父之位进宝郎云云。

我在郑德记看见几件仿古的出品,一件是一只牛,上面有牧童坐着。另外是有嘴及弯手的扁水盂,姓郑的不肯说是谁做的,大概出诸城里廖姓的手制罢。原来仿古青瓷的发动,是由于清末宣统时,龙泉天主堂德人奔把,购买一块地,由此挖掘出来不少的瓷器,于是外人到龙泉来的一定要买几件,本地人方始晓得很贵重。其初价值很贱,后来渐渐增加,仿古的制作,遂应时势的要求出现了。现在一件仿古的,居然亦能蒙着上海一班古董商,一百余元数百元时常卖掉的,那是一定,古物一天少一天,何况出来的不一定都完整,假冒货自然于相当的机会，取而代之，这又何消说得。

四家土窑参观以后，即到黄家，给我仿做古瓷的碎片数种。黄君说宋窑的建筑，与现在相同，火力的强弱，完全不能调剂，所以出来的货物，叠在上面的同中部下部的都不一样；因此同一种釉色而有老嫩的区别，这就是所受到火力强弱的缘故。现在新式窑的建筑，关于内部的火力，是有一定的计算同标示，因而出品的釉色才能一致。

黄君亦曾仿做过龙虎瓶，现在家里的一对是做坏的，比之出土品当然有霄壤之别，恐怕这是初次试验的物品，否则何以能冒充古物出售呢？龙虎之外，看见有乌龟猫等动物，雕刻在龙虎的旁边。吾们家乡常有哄骗小孩子的话，说"团团属俭，团团属门槛"，这本是一种好玩的话。现在十二生肖瓶上居然看到有猫同乌龟了，假如说"团团属俭，团团属乌龟"，那就不成话说了。……

六月八日

九时廖君来访，关于龙泉瓷窑的事实，吾们谈得很多，约略记载如下：木岱有一宋窑，现在窑基尚在，惜乎我未曾晓得，不然八都往木岱只有三十里，一天可以来回。南乡、砐湖亦有明窑，当时的烧窑很多。宋朝的窑有平窑、斜窑两种，这从基址上可以得到证明。不过明朝的窑，据我所看见的，如竹口、八都两处，还是斜窑。这一层意见，他也并没有否认。

廖君关于大窑所用的原料，是晓得的，不过他要保持相当时间的秘密。印盒所以贵的缘故，由于外国人收买，愈小的愈名贵。本来瓷器的贵重与否，不在乎体积的大小，愈大的反而愈不值钱，这是讲赏鉴家或是收藏家的话，实际上在研究方面，是没有关系的。我取出我所得的碎片标本给他看，他说可惜大窑的碎片，数年前已经有外国人托人成箱的装运出去，现在极好的碎片，已不易觅得。在我所检拾的大窑碎片十余种之内，只有一片最好，但是还非大窑极名贵的色釉。他又说吾国人到龙泉来收集碎片，我是第一个人。不过我很惭愧，因为我对于瓷器没有研究过。这一次的收集，是我个人觉得一件有趣的事情，我并不想做什么赏鉴家，更不配想做收藏家，希望随手检拾些人家所不要所不注意的碎片，预备作为研究时的对象。何况此处有如许多古窑的地址，是完全确定无疑义的。那一处的东西，很少会混杂别处的东西在内，所以极其纯粹，研究起来，更为便当。不然，单单拿了一件物品，要判断它的窑名，确是一件困难的事。

有此原因，极愿意跋涉许多路，仅仅搜寻十余片断裂破碎的瓷质，我更希望大规模的收集，博物馆或其他文化机关能够派遣专员来任此事，收集以后，把各个窑地所搜集来的，分别陈列出来，供研究龙泉窑人们的参考。

廖君说，龙虎瓶自发见以来，约出现十余对。其中上等的有五对，价值每对千元以上，五对之中，只有一对最完整，色釉亦最好，其余四对都是配搭的。中等的价值在千元以下，下等的不过数十元，近百元左右。早年有一某甲，同了某乙合夥，购到龙虎瓶一对，价只百元。某甲先已有了一只是次一等的，他就怂恿某乙，并分各得一只，他把自己先前留下的一只给某乙，某乙当时竟被他瞒过去了。及到后来，晓得受骗，就同他打官司，某甲因此化费了一千五百元，官厅罚他建造剑池阁，但是目的仍未达到。适有一古董商来龙泉，就同某甲论价值，出至七千余金，方要脱手，却因某桩案件，巡警正在他的门前徘徊，古董商以为有什么事情了，连夜逃去（因为当时盗墓有罪，卖古董的人要同科的）。某甲七千元，就没有卖得成，后来只卖了近二千元，这是龙虎瓶中一段故实。现在好的龙虎瓶，大概都在美国，日本买到一对。牡丹瓶都从上海客人手中卖出，成箱的碎片装往法国去的不少；前几年有一个法国人，由松阳天主堂的介绍来龙泉，专门搜集碎片。

自从挖古器这件事情发生以后，大窑方面何止卖了几十万，随便挖挖的结果，总要弄到千数八百。但是我乡有句俗语，"飞钱只当飞钱用"，一时吃喝嫖赌，用得精光，很少有人拿他买田地置产业的。

廖君亦说清朝没有青瓷，因为这种上釉的方法不晓得。明朝前期的很好，后期的就差了。《龙泉县志》："青瓷窑……昔属剑川，自析乡立庆元县，窑地遂属庆元，去龙邑几二百里。明正统时顾仕成所制者，已不及章生二远甚，化治以后，质粗色恶，难充雅玩矣。"竹口的窑，就是顾仕成的窑。至于县志说，自立庆元后，窑地遂属庆元，这却不对。大窑、半边月、孙坑、溪口，现在仍旧是龙泉县辖境，就我个人所晓得的，只有竹口顾仕成的窑，是属庆元……

出警察所在监狱外面的泥场上，由廖君见到碎瓷两片，确系大窑上等釉色，这两片都较我所采集的为胜，就剥下怀藏起来，可见龙泉地方采集龙泉窑材料之丰富。

饭后……三时，带了得喜过济川桥往南，在田野间看见被挖掘了的坟墓约有四五处，有一个被挖掘的大阱里检得碎片一种，色釉甚佳。……引路的警察说，民国五六年时，发掘古墓的很多，水口山上被挖掘的坟墓亦不少。大概一个坟内至多有古器五件或一件，普通三件，就是一对花瓶一只杯子，多的才有龙虎瓶。我就命他领我到水口的山上去，离此亦四里左右。该处被挖掘的坟墓果然很不少，并且路上遇见两个农夫，挑了十余块长方砖，警察说这就是古坟墓上的砖……

六月十六日

未明即起。由仆役得喜去请张君，他在大港头开杂货铺，昨晚由得喜去认识，约定今早同我到对溪宝定去调查明代窑基。张君来，就开船到宝定，在小药铺里，见到残破瓷碗一，我才认识宝定的出品。后由张君领到窑山那里调查，所谓窑山，简直是土阜。现在上部已有树木，基底一部分且有坟墓，瓶碗等碎件，往往就在此处发见。此种土阜，计有三十余处，本地人都叫做窑山。在这些地方所挖出来同自己流露出来的东西，都叫他窑山货。吾们走到一个窑山地方，在山的侧面泥土里，发见不少烧窑的坯托。我在此检拾了许多碎片，可以作为比较研究材料。大概宝定出品，釉色比较的深，图案花纹亦比较的粗率，好像是当时的粗窑……

二 （民国二十三年十月）

（一）早发西湖，夜宿雁宕

十月三十日　星期二

早起，因为迟了一点，定侯兄已赶来了。本来约在马市街口相会，正是抱歉到万分！好得行李均已准备，即刻启程，时正七点。同行尚有端木先生。到江边，先已知照义渡局，所以没有等候，很快地就渡过钱江。七时三十七分即由江边开车，五十分过萧山，仅二十三分间。此后都是很快的速度，经过绍、嵊各县，今为列表如次：

时间	到达地点
7:37	江边汽车站
7:50	过萧山
8:24	过绍兴
8:53	过曹娥
9:46	到嵊县
9:53	离嵊县
10:10	过新昌
11:38	过天台
11:56	到国清寺
12:20	离国清寺
1:38	过临海
3:06	渡过椒江
3:55	到黄岩江边

4:20	过黄岩
5:38	到大荆过渡
6:20	到雁宕

新天临路路面较差，所以有点颠簸。天台国清寺支路，已能直达寺前，可惜国清寺少经营，不易招致游客。吾们在寺里休息，仅仅二十分间，即起身赶路，为的是要住到雁宕去。到临海，椒江过渡，因候潮费时甚久。到黄岩一路尽是橘林，地方富庶，可见一斑。公路极平坦，中间过岭三四，风景绝佳，惜未摄片。到大荆过渡，为时已晚，比到雁宕，已在六时以后，定侯决定住净名寺。

此处设备不如灵岩，但已通电话，所以很方便。吾们今天早上离开西子湖边，中午在天台国清寺，晚宿雁岩山中，经过县城有七，仅仅经过县境的尚不在内，如此旅行，可以说得"空前"二字。据定侯说，他曾以一日功夫而沪，而杭，而丽水，足令闻者咋舌。

（二）半天的雁宕之游

十月三十一日

四时四十分即起身，因为定侯的性情比我还要来得急切，确是广东人的特性。五时五十分往灵岩，为的是端木先生没有到过雁宕。吾们先到蒋所南先生的墓上致礼，蒋先生我同他有过两次的通信，可以说神交已久，今年不幸死于石门潭，死的原因，到今天还是言人人殊。定侯兄以为蒋先生半年来精神上显现着异常的衰惫，谈不到几句话就会呼呼入睡，所以说不定到石门潭去乘凉，就这样掉在潭里，定侯兄还这样感慨地说着。假如蒋先生还在，昨天晚上，他一定会来招呼吾们，而吾们也不至于在黑夜里大荆过渡，并且今天呢，断不会让吾们就走。现在这样一位主人到哪里去寻呀！

从墓上下来，就到灵岩。灵岩的寺院，最近已经修茸过，我总觉得寺院的建筑，不要说水门汀不应当用，就是外面的围墙，还得要刷着深黄的颜色那才相配。修茸以后的灵岩寺，已失去了寺院的本来面目，同时又不像一所旅馆，真是应了吾们家乡一句俗话叫做"僧不僧来道不道"，最为恶俗。大殿也没有，正中间是一客座，上首悬了厅长的画像，下首是从前一位乐清县长的照片。画像可怕得很，照片也够你瞧的了。此外的一切布置，都是看了会使你头痛。所以现在的灵岩，我要对它憎恶，对它诅咒。偏偏四围的景物，又是这样不凑巧，小龙湫只是几条细流，山溪里干得可怜，一块一块大石头，都是显露着仿佛出筋出骨似的一个瘦子，会使你看了不舒适，惟有天柱峰还是这样庄严地支撑着灵岩一个旧有底局面。

吾们在灵岩坐了一回，仍旧回到净名寺，因为定侯兄还有地皮上的纠纷，所以又约了蒋先生的令郎到山里来谈话。时候不早了，定侯是性急的，说是到灵峰去等他们罢。于是吾们就到灵峰，在半路上果然遇见蒋先生的少君。

我一个人在果盒石旁边照了几片，后到观音洞，在此休息了约半小时，总算重游了一次雁宕。

（三）黑夜里遇险

在乐清途中，尽是稻田。此间今年年成丰收，所以农村里的气象极好。车到港头过渡，吾们特雇一船到温州去，约定在温州各自办事，只有一小时，然后在意大利菜馆会面。

我到温州后，就雇一人力车往县前街去看那家专卖龙泉物品的小店，居然找到了，挑选出十余件，作为西行的参考。

二时到意大利菜馆午饭，饭后赶到渡头，正值涨潮，又有点风，所以到港头就迟了一点，随即开车。路上遇见冠群令弟，方从丽水来，说一路很好，吾们遂大胆西行。过青田已五时余，后来天晚了，看到修路的工人，正在路旁用晚饭，吾们则在山上赶路，预想大约七点钟时候可以到丽水。

车在山上行驶时，忽有一石块当道，我与定侯急下车察勘，才知下午此处曾经轰炸过。本来这一段路面嫌狭窄，怕有危险，因为是在山上开出来的新道，一面是石山，一面是大溪，所以要改修加阔。这几天正是工作的时候，但是定侯怕轰炸了，遗有石块，不能通过，是以在杭、在雁宕、在温州均有电话通知，不想轰炸以后，未曾清道。其时适有一群工人约十余名经过吾们停车处，定侯欲设法搬开，呼之相助，十余工人竟掉头不顾而去。不得已定侯与司机者手持电筒下山，约半小时，幸而找到一位做别一段的小工头，带来数十名工人，上山把乱石搬开，汽车方得通过。

这一处遇险的地方很危险，如果司机者一不当心，硬要过去，那末连车带人，就会翻到大溪里去，因为外轮离路边，只有尺余地位，过此就要翻下。试想自数十丈的高处掉下去，一切还能不粉碎么？事后看到，真要捏一把汗呢。

开出约数公里，又有石块，此时求援无从，我与定侯只得尽力搬开，一面指挥司机徐徐前进，如是费力不少，费时亦多。到最后一处，大石当路，非人力所能移动。定侯此时不得已命司机者进城设法派一料车来接，电筒二均由司机者携去，汽车上仅有一只灯，又不敢常开，我等三人在此昏黑的公路上，右有石山，左临大溪，其时天又下雨，并且有风，轰炸过的石山，时有大石落下，我此时正是恐怖着有一大石块，会因风雨而掉下来呢。

如此闷在车中约有两小时半。此种境遇，真不易得。有时雨点打进车厢里来，大溪里的滩声，又是这样地凶恶，我想假使今晚只有我同司机二人，那末只好丢了一切东西进城去，此外毫无他法。

料车开来了，雨又下得很大，只得冒雨而行。吾们三人挤坐在司机的旁边，如此到丽水，已十二时半，到萍依已三时。解开我的行李，虽有油布，已湿透了，懊恼也无用处。

今晚上的遭遇，后此大可引以为戒，因为没有大不了的事，还是不要赶路，假使今天住在永嘉，那就不会发生这样的不幸。回想到第一次遇险的地方，虽则用不着拿间不容发的文言来形容，可是真危险得很，稍一不慎，人与车立刻可以粉碎。事后追忆，可为寒心。

（四）无意中发见处州窑窑基

一日午前，定侯兄来说，太虚法师在南明寺，没有走，邀我同去访问，遂出南门渡溪往南明。

南明石级新修过，一路极整齐，石梁附近也都整治得很清洁。听说现在主持仁寿寺的当家，曾经受过高等教育，新由丽水佛教会请来。

晤太虚闲谈颇久，出至寺右山上，县城大溪，一览无余，并可见到白云山。定侯兄拟在此处建造一小亭，我以为最宜于设立一疗养院，可惜故乡无此好湖山也。

午后二时同定侯往勘新造之南明公路，中途忽见烧窑器托，我遂断定附近必有古窑。询之土人，竟无知之者。本来《志》称县南七里地属孝行乡，有旧时窑基，我就留心观察，果于现在公路过渡处发现碎瓷片颇多，此即旧时窑基无疑。定侯与我检拾碎片，颇不少，定侯得一双鱼洗破片，喜极。

过渡后坐车到三岩寺，见到毕士敦君。他从上海开车来，本拟往游浦城、江山，现在决定到龙泉为止，明天我可以搭他的车往龙泉。

三岩寺我已来过多次，现在修治很不错，丽水有了定侯这样一个大护法，自然就不怕什么。据说白云山，又有宁波阿育王寺里来的知客僧，想集款去开辟。四时余入席，除太虚毕士敦外，还有好几位法师，直到六时半才散席回城。

定侯送来丽水分区图，方才发见瓷片处，果然地名瓷窑。此分区图系民国四年时依照自治区域划分，属南孝区四都，本来是孝行乡，与旧志所记载的适合，那末这就是所谓处州的窑基了。到底处州窑是指瓷窑，抑指宝定，容后再考。

（五）公路上碎瓷片之发见

二日早五时余起身，整理行装，六时半即到站，原约毕士敦君七点在车站相晤，还是我早一点到站为妥。周局长亦来站，吾们遂于七点三十分出发。过渡后，一路都是沿着大溪前进。田里种植茶树颇多，定侯在此提倡植茶合作事业，极见成绩。本来松阳就是产茶的县份，所出产的不减于龙井，因此丽水方面，假使能够加以改良，前途大有希望。山上松林到处可见，柏树亦复不少，叶经霜后尽赤，而大溪里复时时映出几只上驶的帆船，如此一幅一幅地展开在你面前，这不是天然图画么？

车路过局村后，转南入山。九点五十分到云和，稍停，复开，车路即盘旋上山。约经十余公里处有瀑布，远望之，约高二三十公尺。吾等在此摄取数片，惜不能就近坐石上，勾留片刻，纵观其胜，只是摄得数片后，随即上车赶路。本来这一次并不是游山，那末赶山（蒋所南先生语）又何妨呢！

十一点三十八分到赤石，车路由此复渡大溪，沿着溪的北岸，现因桥梁未曾建筑好，仍用竹排，而撑排的只有一名夫役，又往赤石镇去了，于是吾们的车只好停在南岸。北岸也停着一辆料车，没法过渡。如此白白耗费了吾们的光阴约一时余，我又往返车站两次，结果是没有办法。最后还是等到夫役来了，料车先渡过来，然后接着吾们的车过大溪，倒只有五分钟的功夫。

车在北岸，一路沿着大溪，仿佛缙丽道中。虽没有高岭要纡回的盘上盘下，可是依着山势蜿蜒曲折，开车很是不易，何况来自上海的车夫，走惯平坦的柏油路，到此处自然要歌"蜀道难"了。

车经一处，路上发现碎片不少，急下车检拾十余块，其中有一碗底还有梅一枝，都是未曾见过。询之路人，知是前赖。此处附近有窑，可以无疑，我于车行时发现，喜欢异常。

车过道泰，休息约十分间，车夫在此吃面果腹，吾们呢，只是数块冷面包。三时余到龙泉，车路穿越县政府外面而过，一切都改样了，所以就有点不认识。同去访陈县长，并晤陈局长，晤谈十余分钟。毕士敦君去访教会里的牧师，我的行李即安置在县政府里。休息了一会，出去看看情形。在县政府照墙的地位，现在建立了一座好像纪念塔的东西，刻上前县长的几句格言式的语句，似乎有点不伦不类。先前一所亭子取消了，两傍的荷花池，却依然存在，只是一切的景物，就觉着不调和得很。县前街现已改为中正街，济川桥仍旧是老样子。就到东街养正小学去看郭福恩君，晤其尊翁笑珊先生，托他为我写介绍信数封，带往大窑各处。五时余辞出回署，晚饭。饭后略略整理了一点行件就睡，所以郭先生来，没有遇到。

（六）早期龙泉青器底推测

三日早七时三十分起程，过济川桥，望留槎洲，一片荒芜，什么建筑都没有。本来洲在大溪中央，大水时容易冲毁，否则开辟一公园，确是极好的地方。七里宏山，《志》称有乌瓷窑，据说现烧砖瓦，遂即舍去。八里蜜蜂岭，此处有小窑，专烧风炉火钵，泥土即取自田里底层约二丈以下，方可应用。此处疑即《志》称之瓷窑岭，因为方向里数都相符。本来地名经过了多少年以后，往往有变更，尤其是在乡间，变得比较容易些，为的是很多用着俗语，或者为着一时的便利起见。自然瓷窑岭之所以名为瓷窑，当时有了瓷窑的缘故，那是无可置疑的。在此盘桓了些时候，照了几片，还问了问本地人，在什么地方可以见到破碎的碗片，据说没有。我以为如其蜜蜂岭真是从前瓷窑岭的话，那末旧时烧窑所剩留的碎片器托等件，一定可以找到无疑，姑悬此说，以待后证。

十时许到豫章，有桥名安定，建筑式样一如济川，不过规模小一点，其长度与披云相等。新近修葺过，朱红色的桥柱很好看。我以为吾们所有的旧式建筑，髹上什么颜色，往往跟那一种建筑物有密切的关系，不然，如此式样的安定桥，油漆了青灰色，就一点也不入眼了。即如山里的寺院，非要黄红色的墙壁，才显得调和，要是刷了白，油了灰，那就丧失了它们固有的美，徒然给吾们一种不快的感觉而已。

此处最近出了一对龙虎瓶，据说已经送到上海去。当吾们在桥上休息的时候，本地人就送来不少出土的物件，有几样像天目，或者就是本地的乌瓷么，这一点我不敢武断。此外青色之荷花瓣瓶罐亦有，究竟那是什么地方的产物，至今我还是有这个疑问。所谓塔瓶也者，我以为产生的时期，较之五管瓶还要早，而龙虎瓶不过在一对的五管瓶上，一件上加一条龙，一件上加一只虎罢了。

此外冢墓间所掘得之小盘，花纹釉色，在在都可以看出为龙泉章窑青器所本。我的意见以为章窑不过在当时最成功的一个窑，在章窑之前，天然必须经过多少时期的改进变换，在此改进变换时期里，就是所谓由塔瓶而五管，由五管而龙虎的这几种转变。同时，吾们不可忽略过去在最早的一个时期里底作品，由此我对于龙泉青器，更发生了要探索龙泉章窑以前青器种种方面所有问题的兴趣。第一，这种物品的出产地；第二，怎样地转变；第三，为什么冢墓间有此种物件；第四，随后替代龙虎瓶的是什么。以上种种问题，当我坐在轿里的时候，老是这样在脑海里盘旋着。如此行路，就不会觉着里程的遥远。

离豫章十里到后镇，其时已十二点半，轿夫即在此午饭。

（七）怎样才能发见旧时的窑基

饭后，下岭即磁湖，数年前在龙泉时晤见廖君，他告诉我说磁湖是有窑的，因此今天唯一的目标，就在磁湖。起初问了几处，都不晓得。后来我感觉到询问什么窑不窑，是无用的，尤其问他们什么古代的窑基，他就会回答你说："那可不晓得。"最好的问句是说："这里在什么地方可以看到许多破碎的碗爿？"那末，他们就会立刻回答他说："喔，破碗爿么？在那里多得很。"于是我的目的就达到了。我在磁湖就这样一经变更了我的问话，得到了满意的收获。

破碎瓷片的地方，在磁湖乡的末梢头，由田间走进去，沿着三官岭转到山的后面，约莫只有一里多路，就可看到许多碎片。我在此开始我的采集工作，我深觉得完整的一个窑山，还没有经过人家的挖掘，不像大窑地方，我在上一次已经看到挖掘得很多，几乎要把一块地整个儿翻转来了。此处呢，却是静悄悄地蕴藏着。如此，磁湖的物品，容许在以后正式的发掘时，可以还你一个本来的面目。

我在此调查很满意，因为硃湖烧窑的地方，有了一个着落。离开硃湖走十里青坑，居然在一个孤独生活的农夫家里，从他的挑谷子的蒲篮中，见到了好几件从冢墓间所掘出来的瓶罐，还有一把壶。然而他倒会索价，一把酒壶也要八十元，我不是一个收买古董的商人，自然就望而却步，还是回到轿子里，摩挲我所发见的硃湖窑的碎片罢。

过青坑后即走岔路过岭，一路沿着菫溪，竹林颇多，曲径深入，如在图画中，惜有微雨。五时三刻到隆丰，不及赶到大窑，决计在此投宿。

乡长王君，设一杂货店，殷勤招待，至为可感。晚饭时我仅要鸡子数枚，照常用我的锅巴，及酱瓜、大头菜等，一时村人群集，都来看城里人有这样一种奇异的晚餐。睡觉的地方是主人的房间让给我，一夜很安适。

（八）岱根、坳头、大窑、新亭等处采集碎片忙

四日七时半离隆丰，请王乡长引导，往看岱根窑基。岱根离隆丰约里余，为往大窑所必经。昨晚闻之隆丰乡人云，大窑四围共有窑三十座，岱根、高漈头，都在其内。据说当时有一风鉴家，为破坏该处窑业起见，建议三十六窑同时举火。因此损及龙脉，大水忽来，三十六窑完全淹没。这虽一种传说，但是大窑附近各窑完全被水冲毁，想是实事。

岱根旧窑即在路侧，由山坡斜上，可见不少碎片。此处似尚未经挖掘，一似硃湖。釉色固然较差，可是也有极好的。即在此从事采集，约费时间四十五分。

过岱根后即是隆丰岭，颇长，直到砝头，计有十里，砝头亦有窑，就在村落的东南角，碎片遍地皆是，显然是已经发掘过。在此勾留时间极久，而所采集的碎片亦不少。

五里到大窑，时正十一点半，晤见叶正生先生，系由郭先生所介绍。他正在那里讲道，听众有男女小孩约近二十人左右，就在他家里的正屋。移时会散，遂与寒暄，即留住在此。

饭后，由叶君为导，往游窑山。先从叶家门外左转上坡后，又转到小学校后山，得见窑门旧址。器托合钵多极了，我与跟去的警察检拾，轿夫手提麻袋跟着。在此检拾之际，忽然得到有字的碗底，高兴万分。叶君说，从前曾经得到有"河滨遗范"四字的整器，另有一只五寸盘，有"绍定七年姚宅富位"几字，都卖去了。

大窑附近踏勘以后，叶君说离此约两三里路新亭的地方，也有碎片可得，就到那里去采集。窑基是在大路旁边，由凉亭内侧，经由水田上山，即有碎片散在，我又尽力检拾。今日结果极好，只此一下半天，已有两麻布袋了。五时后回寓，叶君说，过新亭不多路，就是高漈头，那边以下，即无旧时窑基。

主人尽出所藏剩余杂件，得见几种复窑货，并认识未经复窑之件。一乡人携来釉色头等之双鱼耳瓶，仅有一耳，确实是章生二的精品。而主人破碎物件里，有小鸟，有老鼠偷油，据说在从前亦有佛像。总之大窑货，各种式样都有。我相信此处烧窑的处所，的确不少，而且时代也很长久，所以出品的种类很多，若要仔细研究，我想最好在此有一个月以上的停留，似乎为详细审慎研究起见，那是应该如此的，不过我现在还做不到。

挖掘是在光绪末年开始，二十余年来出了不少物品，上海、杭州、宁波、温州各地古董商人都来过。日本人据叶君说有一姓田，一姓松的，大概是田中同松村，说是在上海的古董商，所收去的货品也不少。美国人来过一次，即住在叶君家里，像我这样收集碎片的，还是第一人。

琉华山自大窑去，由山脚下到顶上，计有十五里，并无寺院。七月十五有庙会极盛。在本地生产小孩叫做留娃，因与"琉华"二字同音，所以凡是妇人，都要上山烧香。那末以后也许有名为留娃山之一日，这就可证明地名转变的情形。由此谈到"大窑"二字，原来是琉田，因其有窑的关系，就叫做大窑。不过这两个字从哪时候才叫起，并且为什么有一"大"字，这就不可究诘了。现在划分乡镇以后，仍旧用"琉田"二字为琉田，而乡公所即在大窑。

晚饭后，复与主人闲谈，睡已在九时以后。

（九）金村、竹口、枫堂——来了江西人觅宝

五日早七时半别叶君离大窑，五里到金村，此处在前数年原有土窑，现已停闭，窑内残存合钵未经烧好之碗件甚多，而所制者均系日用所需之青花粗品。随取泥土若干，预备化验。据说产泥的地方是昌岗，离金村有五里。我在土窑附近发见旧窑山一处，于小溪里又检得有"河滨遗范"的碎片，复在村里见有破损酒壶一，上有"天下太平"四字，此处旧窑疑与大窑同时，拾有碎片多种，拟回省后检理研究之。

五里洋淤，一路堆积木材甚多。本来龙泉是产木的地方，

所以山上树木甚密，可是现在销路滞钝，存积的很多。据叶君昨天告诉我说，从前直径六寸之木材，每枝约一元左右，现仅值三四角。隆丰王乡长尚有三十余组排木停在温州，还未销去，这或者是受洋松的影响吧！吾们整天价说提倡国货，然而有了国产的原料，竟被摈于市场，其中一定是奸商在那里操纵。我认为为政要猛宽并济，捉到奸商，惩一儆百，你看有没有效果！

十里双港头，路沿溪行，地极偏僻。原来这是往竹口去的小路。又二十里经岩后、坳门、枫堂而到竹口镇。自大窑来此四十里极长，几等于五十里。

到竹口区公所，晤许远图君，前次由庆元视察回来，在新窑岭上遇见过，现在事隔六七年，一见还能彼此认识。午饭后就同许君去窑山，他说，竹口本来不止许、陈两家，尚有田、阙诸姓，所以称为后窑许、后窑陈者，因为此地是聚族而居的，许、陈二姓所住的后面山上，都有窑，所以称为后窑许与后窑陈云。至后窑之所以为后，我总以为是对大而说。

在窑山上检拾碎片及摄影费时颇久，并得有文字之碗底。许君先回区公所，我又往枫堂村，因为我来的时候，在路上已经看到碎片，所以不能放过。

枫堂村离竹口约三里，住在此地的都姓周。村之附近，土阜累累，均有碎片可见。此处旧窑并不在少数，而碎片中盘底花纹旁边亦有文字发见。一老者见我检拾碎片，他问我你是江西人么？我就猛记起我的家乡有一俗语，叫做"江西人来觅宝"。在这句话里分析起来，本来含有两种意思：一是什么零零碎碎的东西，只有江西人要收罗；二是江西人才能识得宝贝。我想这一位老者问我江西人的话，怕也有吾乡的这么一句俗语在他的意识中，所以他毫不迟疑的以为我是江西人。我想到此处，我要暗暗地好笑，而检拾的兴趣格外来得浓厚，因为这些碎片，在我看来，的确是宝贝，人弃我取，恐怕只有我这被冒认为江西人的傻子，才能来觅宝呢。

老者走开了，一个年轻的小伙子向我说："他说你是江西人呀？"我就向他笑了一笑。他又问我要这碗爿有什么用处？这句话我倒不容易用通俗明显的话来答复，因为说到"化验"两个字，在吾们以为很普通得了不得，然而在他们的意识里，又是什么叫化验呢，不是格外要使得他们迷糊么。不过我竟找不到一句可以宣达我意思的通俗语，我只有说检来是好玩的，虽是这一句答话，我明明晓得他们不能满意，或者他们还可以窥见我这句话是来敷衍他们而不是一句真实的话，那我有什么方法呢！

他还说此地的窑很多，不晓得前代哪一年山都动了，窑就此淹没的。我对于他这些话，忽然想到甘肃那年的地震，就觉悟到龙泉各处旧窑的破坏，一是汹涌的洪水，二是剧烈的地震，所以这两个传说（一是三十六窑同时开火被水冲灭之说），很可以帮助我找到一点解释。

天快黑了，离开了枫堂，回到区公所。晚饭时有大溪里的鱼。鱼在庆元是龙（有鱼龙鸡凤菜灵芝之谚），算是美品。用一风炉，安上辣酱烧煮，的确别有风味。饭后整理各件，并写日记。

许君今天告诉我说他的祖先从江西迁来，在明末时候，已有两代，如此推算起来，大概在天启年间。移家来此，为的是做瓷器。先住在枫堂周家，其时周家是否烧窑，不得而知。后来周、许两家成为亲戚，交往颇密，一直到现在，还有种种的关系。不过近来许姓之在竹口的子孙较多，枫堂周姓少得很，所以周姓的人常说现在许家是大族了，初来的时候，还住在姓周的家里，而姓周的反而衰落起来。当时姓许的迁来竹口以后，买得山地极多，如在竹口北面十里之大湖山，二十余里外之小湖山，到现在还是姓许的山地，可见许家祖先，其气魄之伟大，的确是一种企业家的风度。许家原藏有制造瓷器的秘本，最近已遍觅不得，许君叔公粹然先生，在四十年前还想恢复旧业，终于没有办到。

本地有一隆安庙，每年在秋收的一天，竹口的人都去烧香，只有姓许的要到重阳那天，因为姓许的祖先到竹口时，已在秋收之后，所以特定重阳为姓许的烧香之日，现在竹口并无姓顾的人家。

（十）孙坑与半边月的土窑

六日早六时半发竹口，十二时到小梅，饭于陈介夫先生处。饭后去访夏君未晤，说是往大梅看货去了。夏君原在龙泉养正小学，前次曾经见过，现在住到小梅，向来是收大窑出土物品的。龙泉有了大窑的一块地，以及冢墓间龙虎瓶的发现，着实好了几个依此为买卖的人。大窑的叶先生，他就说过，他一房屋全在乎几件大窑的物品。此外某君我是早已知道的，查田的某甲，黄栅的某乙，以及龙泉城里的某丙，谁不想在龙虎瓶上大窑的物品上发财呢！

饭后辞别陈君启程往孙坑，先到官桥，由此折向西北，过乌门、长桥头、半边月等处，到孙坑，计二十五里。在中途约十里凉亭的地方，有一乡人告诉我最近掘得龙虎瓶的处所，就在凉亭东约百余步的一个土阜里面。先出一对，以百余元售与黄栩的沈某，沈即挟之往上海。后在旁边又掘得一虎瓶，已为查田某甲所得，过几日后龙瓶出现了，现仍存在黄栩某乡人家。我看看这个土阜，位置在水田里，平常得很，为什么会晓得有龙虎瓶，乡人说是可以晓得的，不过没有十分的把握。

到孙坑先晤周君，为介夫先生所介绍，后又去访郭先生所介绍的范善基君，曾毕业于法政学校者，晤谈极欢。此处本有一土窑，从乾隆时烧起，一直到最近四五年以前才停办。民国九年时，曾集十股经营，不幸终告失败。因为主持的是一位六十余岁的老人，手艺倒很不错，一见旧器，即能仿造，可惜有点神经异常，不肯好好儿的做，所以就不能继续下去。我很想要见他，回头说出去了。他所仿造的货品，亦只能见到粗率的几件，不能不说是憾事。

孙坑烧窑用溪坞坑的泥土，据周君说比西乡的耐火力大，那末，我上次所听到的南乡泥比西乡好底一句话，是可信的了。

别了周范二君回到半边月，去看小梅陈先生所介绍的李君。他是现任土窑的经理，所以他对于土窑的情形很熟悉。他说现在半边月每月烧一次，约有四五十挑，值千余元，所费亦多，相抵所得利益极薄。从前碗尽销宁波，现在非常滞钝。此处所用材料是东元坑的泥土，东元坑系符、李两家所有。据说木岱出产泥土的山，属一家姓徐的，龙泉瓷业工厂所用者为木岱和尚山之泥土。大窑方面听说在从前是用本地的材料，不过不晓得在哪一处山里，竹口亦然。随即同他去参观土窑，取得泥土一包。

跟李君作别，约十里到查田周冠南号，亦系郭先生所介绍。主人周照乘君适往八都，不晤，由其令郎招待，即借宿店中。叶先生自大窑携来有字碗爿八十余块，我晓得重赏之下，必有勇夫，前天我托叶先生叫村里人去搜集，出以相当代价，今天果然获得如此成绩，极为高兴。内中有"顾氏"的十余块最多，此外"福""寿""秀""定"等字样，拟回杭后再行整理。

（十一）可惊的大麻窑

七日早起等轿夫久不至，直到七时余才动身。约十五里到溪口，过溪由一乡人为导，大约有三里路光景，于大路旁边，就看见合钵的破片。由此斜上左手的山坡，破片是多极了。此处为往八都所必经，何以上次会没有看到呢。

此处地名大麻，所发见之碎片釉色绝佳，决不是明代的窑基。那末第一次报告时所据以说明的，不免有点错误。此处不但可见极好的釉色，而式样与制作断定是宋代的精品，这一点是值得注意的一件事。

我在此处尽力收集碎片，犹以为未足，如其时间许可，应该在这里多住几天。回到溪口村，又见到开细纹片的物品，此在我这一次旅行调查中所未曾遇见的，就是在大窑也没有看见。那么为什么会在溪口看到呢？这个问题，我以为很重大。因此我对于溪口大麻的窑基，不能不唤起我特别的注意。

一时到青坑午饭，要想再看一看出土的一把壶，据说那一个孤独生活的乡民是往小查田去了。饭后，十里到硋湖，由一位姓汤的领我到对溪张家村看件。遂由张村走到后岭，复往上岭看最近出土的几件物品。质地极厚而重，时代似乎在五管瓶以前。

五时到豫章，稍稍休息，即走，到大湾已天黑。此八里路幸赖我有一手电筒，不然要摸黑了。现在各处地方已少用灯笼，其故由于通行手电筒的关系，正如自从有了套鞋以后，就看不到钉靴与木屐一样。这种现象，到底是好是坏，还是问题！前天晚上在隆丰，看到人还用篾代火（这是吾乡的土语），不由得我不回想到七八岁时的情形，我现在还有点神往。其实我是最讨厌不过的穿上一双套鞋，手里拿着一只电筒的现代生活，我以为假使这种生活没有变迁，那末我今晚上也不至于摸黑走路，轿夫们也早已预备好灯笼了。

回寓吃了一碗鸡子炒饭。饭后有人送来出土物件，我对于一只鼎炉，着实不敢相信，其余几件还不错，然而价值贵得很，我还是重视我的碎片罢。不过为了这许多碗片，也够我费事了。

（十二）瓷业工厂及梧桐口旧窑之调查

八日早同陈、李诸君到刘先生处看件，得见廖氏仿古极精之品，廖于前年才去世，仿古人才，弱了一个。据说溪头李某最好，竟可乱真。八都之刘马德亦在溪头烧过，廖氏尚在其次。

出刘宅后与李君往瓷业工厂，晤保管员及蔡君，均系从前瓷业讲习所毕业生。数年前工厂由建设厅租与商人办理，每年出租金八百元，原定四年合同，不及两年，即行停办。原因实在流动资本太少，只有四五千元，所以周转不灵。每年可烧三窑，一切开支，计需洋一千五百元，每窑约值千余元。论理三窑就有三四千元，除了开支定有盈余，可是出货后，销路不畅，积存颇多，遂致难以维持。其实我以为龙泉瓷业工厂之复兴，第一经费须力求节省，第二出品须改良，尽量造就本地技师，方可不致受到江西司务的要挟，第三最重要的是在设法扩充推销，尽力宣传。老实说，龙泉瓷业工厂办了几次，杭州城里有过分销处么？尽是出品佳良，人家压根儿就没有知道，即使晓得了，没有地方去买，龙泉瓷器之所以失败，这是一个最大的原因。

龙浦公路就在瓷厂后面经过，将来这个窑，还得搬地方，如此，工厂就永远难得再开了。

出瓷厂，天有微雨，遂与李君往剑池看砖瓦窑。后到养正晤笑珊先生及福恩，略坐一回，辞出回寓，午饭。

下午一时乘轿往梧桐口，走公路去，约十五里。到了梧桐口，由桥边下坡，沿着梧桐溪往北，不到两里路，斜上山去，这就是幕窑山。山上碎片器托等很不少，只有一所房子，是一孤老太婆住着，她的儿子在城里吃官司，所以只有她一个人，年纪约莫七十来岁。她说此处原有三十六窑，里面还有宝贝，不晓哪一个有福气的人，可以得着呢。我在山上检拾碎片，也觉此处出品，并不精美，不及溪口大麻远甚。其时天复下雨，即下山回城。不过我在轿里，对于三十六窑这句话，有点推敲。为什么人家说起来，总是说三十六窑呢？一不多，二不少，恰恰是三十六之数，倒有点蹊跷呀！

五时回寓后，整理行件。五麻布袋碎片，确实累坠得很，可是一想起这是我研究的对象，我又爱护它起来了。晚饭后李君来说，有双耳瓶一对，刚从西乡取来，遂同心田兄等往刘家，结果是大失所望。怕的是溪头货罢！索价四百五十元，真的，倒还不能算贵。总之龙泉伪品充斥，到了此地，原想买几件做纪念品的朋友，真要当心才是。地头上的货色，不一定是保险可靠的，其次价钱也不便宜，所以如其你要想在此地贪便宜货，趁早别做这个梦。

（十三）车中所揣想之旧窑

九日黎明即起，徘徊庭中，颇久，到七时，急去询心田，他因雨不去丽水了。随即饬工役到车站通知，一面赶将行件送去，好得车站就在县政府外面，方便得很，不然一定要误事。

车系敞篷，两旁加添座位而已。郭笑珊先生及福恩均来送行，可感之至。七时二十四分车开，司机者年少气盛，开得极快，因此颇震动。一辆敞篷车，座客仅仅三四人，行李又不多，自然格外地要震动了。我坐在司机处稍好，后面车里的客人，要受罪不浅呢。过梧桐口，杨梅岭脚，大白岸，道太，都要停留一二分间，竟无客人上下，过道太后，我极注意于路旁的碎片处所。除前赖一处外，竟又发现两处。八点三十分到源口，所发见之时间一在八点二十三分，一在八点二十七分，那末由源口西去，汽车约走三分钟的地方一处，七分钟的地方一处，由此推算，距离大概在十里以内。此后要去调查，可以在源口下车。特详记之，留待日后参考。

在源口停留约半小时，因为要等自云和七时所开出的东来客车。车自源口开出后，所停留的地方是武溪、赤石。过渡时间，约费十分钟。过此临海洋、重湖，均未停。十时半到云和，须换车，另行购票，而碎片又要过磅，极为麻烦。

十一时车自云和开出，一路有雨，因此一切景物，无心浏览，只望早到丽水，或可得到半天休息。

下午一时到丽水，雇车进城，仍在萍依。悉定侯今早往永嘉，须明日下午方能回县。随即取来定制洋铅箱，重复装包所得各件，竟费两小时工夫。五时到兴华馆，邀来周君同饭。饭后到周君寓所，见其尊翁。八时回旅社，依然下雨。

（十四）归途

十日七时半起，写了几封信，到车站悉有小包车可雇，即回寓所，整理行装。同时找来叶君，当将麻布袋四件留存丽水，托定侯兄设法送省，我即携其他行件到车站，十一时离丽水，仍是小雨。山上云气弥漫，毫无晴意。十二时到缙云，因为司机要用午饭，停留十五分间。我则以花生米充饥，在我此实为寻常事。我于旅行并无其他特长，自审能"耐劳吃苦"四个字而已。其实不能耐劳吃苦者，不独是旅行要发生许多困难，什么事都不能办，我自己晓得不配做阔少，或者是阔老，只好谨守此四个大字。

在站遇见显哉之随从，才知道他今日自东阳来，往丽水，转龙泉，此刻适进城去午饭，未能见到。十二时一刻车开，一时到永康，而金永通车是两点钟才开，遂在站旁茶篷候车。当炉的为我在车里占好合适的座位，复将行李送到过磅处，因此我的确感到不少便利。二时车开，雨已停，但气候较凉，座客竟有衣皮袍的，我还是一件衬绒袍子。一路所看到的尽是松林，我所以酷爱永康道中者以此。三时四十五分到金华，沿城公路虽已造好，但未通车，即到交通旅馆休息。

六时到方园，饭罢回旅社，极想补写数日来日记，而邻居系一茶园，弦歌声闹人不已，遂和衣假寐直到九时半，往车站上车。

十一日清晨六时到江边，渡江回寓。

三 （民国二十七年九月）

九月二十三日　星期四

午前八时，同着心白兄及李君毓唐出发往八都。公路绕登高岭、新岭，转了一个弯，又是一弯，毓唐说在接连不断的转弯处，计有七十余个，寻常的司机开车到此，就要捏一把汗，的确较之赤石岭要难走得多，过此，路就平坦了。

到八都，李君令兄际唐先生已在车站等候，即往附近几处新窑参观，均已停工。随去查勘古代窑基，即我于第一次访古龙泉时所觅得的。山上仍种厚朴甚多，我以厚朴地呼之。际唐先生佩我记忆之佳，以为经过数年，尚未忘此种植厚朴之古代窑基。是的，凡是涉及研究古代烧窑的材料，我就不容易忘却，在此采集了些碎片，可以补偿第一次未曾采取之失。

就此处碎片以推究当时出品，以为不在大麻之下，那末第一次查勘时导游者以为明窑，殊不足信。

到八都镇，即在李宅午饭。饭后，匆匆整理了一下碎片，复由际唐先生之导，乘车往木岱口。

在木岱参观一家"云翠来"的新窑，此处泥土取自上坝头，一百斤计洋两角，山租挑力，均已包括在内。从木岱口进去约五里，地名石才村，所出的泥土，较之木岱上坝头为胜，这是近来业烧窑者所说的话。因为现在上坝头泥土所制成的物品，往往有泡点，为瓷商所不欲；石才村泥土所制成之件，就没有这个毛病，所以好些，都改用石才村的泥土了。

由木岱口进去为塘上、溪头，都有烧窑。总之，在木岱附近，约有五十多窑，出品年值约十五万元。

吾们离开木岱口，在回到八都的路上，顺了次序参观了上洋的徐永昌窑、溪口的杨鼎利、大滩的仿古小窑。在上洋要算看得最仔细，从用水磨来舂细泥土，以至移入沉淀池，移入干燥间，然后做坯，晾干，描画，上釉，搬到烧窑的地方，装入器匣，放进窑内为止，是整个儿一般烧窑的方法，心白兄看得非常高兴，我在同他们谈话中，得到一点片段的材料，也不妨在此记述它一下。

现在烧瓷所用的青料，就是白地青花碗上所用的颜色，每瓶装十两，计洋十二元，烧一窑须用三瓶，此种洋色，系由龙泉碗商供给。

烧瓷一窑，计用柴三十元，出品约有五十担，可卖二百八十元，从前可卖四百六十元，当然同现在相差得太远了。一年约烧二十窑，常年烧窑租金为一百元，从前则需要一百六七十元。粗碗一担可卖三元八角，约有二十四筒，饭碗每筒三角八分现打六折，仅能卖二角二分八，大号的四角六分、五角三分、六角八分等几种。

做模型工人的工资，每个一角四分至二角，做碗套的二三厘一个，现在八都附近能够做模做套的工人，只有四五人而已。

仿古窑中所用泥土，称之为麻枯泥，即用附近约有五里来路山上的泥土。可是为什么叫做麻枯？"麻枯"二字作何解释？没有人能够答复我这句问话，我已带回来一块，拟送试验所分析。

据闻最近龙泉瓷器，受到潮汕方面出品的打击，所以销路的影响很大。我为此事同心白兄谈过，吾们共同的意见，都以为第一对于出品的花式，不管是式样，或是器皿上的图案，都应该加以最初步而且最易于入手的改良。其次必须组织一个运销合作社，来避免龙泉瓷商的操纵。的确，除了这两点入手以外，还有什么办法呢！

参观烧窑以后，顺便复到从前的瓷业工厂去看看，现在已改做改良造纸工厂。以时间已晚，不及详细参观，即回树范寓所。

九月二十四日　星期五

早六时起身，整理一下东西，同心白兄到车站，心白特意命开第十六号车送我回方岩，盛情至为可感。

七时三十分开车，与管君炯然（郊）同行。我于第二次调查龙泉瓷器时，曾与管君相遇于道泰镇。昨晚上见到了，他说有两件出土的瓶，存在道泰家中，邀我去鉴定，我就约他同车东发。

到道泰（龙泉来二十五公里），即由管君导引上山，查勘道泰的古代窑基，此处原有碎片，这番建造防空壕，挖出了一个窑的基墙，壕就沿着基墙建筑起来，在这样一个机会之下，会发现出整个儿窑基，这是一件很可喜的事。

就此处碎片观察，觉得尚属可观，当然远胜于梧桐口的出品。管君说，前几年有人在碎片底下还见到"道泰窑制"四字，此在他处所未见未闻者，不悉究竟如何。

下山在管君处，见到龙虎壶两件，惜有小疵，尚非绝妙佳品。乡人送来"金玉满堂""长命富贵"碗，"惜花春早起，爱月夜眠迟"等画像碗，及朱买臣碗多件，始悉此种作品，即在离此约一里路远的一个窑基那边发见的，听了异常高兴，就拉着管君同去调查。

窑基即在路旁，碎片窑具颇不少，画像碗爿尤多，可见此种画像碗，确为此处窑中特色出品。但是以何原因而制作是种碗件，这是值得研究的一个问题！同时画像碗，向不为一般研究古瓷者所称道，即有之亦不过存疑而已。因为究竟是否龙泉出品，还不能断定，何况要确实指出窑基制作所在，那更无法证明了，此次我以一个偶然的机会，得到这样一个重要的发见，心中欢欣，不言可喻。由此我更可以确信所谓调查工作，应随时随地留意考察，看到什么东西，见到什么事情，尤应多多询问，否则珍贵的材料，会当着你的面，飞逸过去，这实在是一件很有趣味的事。此处窑基，我因有别于道泰镇上所发见之窑基起见，特名之曰道泰东窑。

管君别去后，开车东行，约距道泰五里之处，在公路旁边，又发现一窑基。制作虽粗，然而碗中凸起白线图案花纹，往常是以处州窑目之的，想不到仍旧是道泰窑之一种，这当然也是我今天不平凡的收获之一，此处地名蛤湖，我即以蛤湖窑名之。

三十三公里处有一窑基，是即所谓前赖窑，我于第二次访古龙泉时所发现。复下车访之，采集了些碎片，觉得此处出品，尚属优秀，大可补正第二次访古时所得前赖标本之简略。

三十五公里处，亦有一古代窑基，靠近溪边，此处地名大棋，我即名以大棋窑，系在安仁口之东。据闻南岸安仁山中，约有五里路的地方，就有一窑，或者那就是所传说的安福窑。同时有些人竟说安福窑，就是弟窑，不晓得有什么根据？我相信这不过是句揣想之辞罢了！此处所见物品，釉色次于道泰窑。自此续向东行约一公里，在车站旁边，又能见有碎片及窑具，地名丁村，因即名以丁村窑。采集了些碎片上车，一公里即源口，那末在第二次访古龙泉时所见到的公路旁边底碎片，是即前赖与蛤湖两处，毫无疑义。

下午二时到丽水，今天的收获可以说是：（一）第二次访古龙泉时，在龙泉北乡仅发现梧桐口、前赖两处，此次除重复采集一些前赖窑的碎片外，新发现的古代窑基，计有道泰窑、道泰东窑、国瑚窑、大棋窑、丁村窑五处。（二）龙泉北乡现只安福及大溪南岸未尽调查，北岸出品情形，经过此次查勘以后，可以略知梗概。（三）画像及有凸起白线图案画之作品，自经此番调查，充分证实了烧造的所在。有此三点收获，足够我自己快慰了。

三时到丽水，遇着伯新兄，匆匆在聚丰园用过午饭，即同伯新兄赶回方岩。龙泉访古，仅此两整日，已有如许收获。我想假使有机会的话，能在龙泉多住几天，发见想必更多，这一个希望，不能不寄之后日了。

四 （民国二十八年一月）

一月十七日

七时起（在龙泉），尚未盥洗毕，郭啸珊先生偕福恩来访，恐我清早即离龙泉也，特送来介绍余盛谷君一信，我甚感之。

郭先生去后，料理行装，虽有小雨，我决南行。九时离县商会，以济川桥塕正在修建公路，遂渡溪，一路循公路而行。路基极好，尚未铺路面耳，大约再有两月，可以通至小梅。异日往游大窑，可以便利多多。将近蜜蜂岭，仍走原路，取其有捷径也。十二时四十分到青坑，午饭。

此次经过豫章、硌湖，均无所见，一因出土少，二以温州估客多从此间经过。三时四十分到溪口，访余君。承其代觅一引导，去大麻，重访古代窑基。

到大麻采集碎片，但若第一次所得之精品，却未能觅到，心颇快快。同时回想湖滨所藏龙泉各处碎片，均经装潢成匣可供研究者，今则完全散失，心中更不胜其愤懑也。回到溪口，亦未见民间藏器，以视第一次所遭遇者，竟判若霄壤，异哉！

别余君出发，到查田，天尚未黑，即寓安舒旅馆。主人为啸珊先生之侄，因是招待至为殷勤。项估来告原有鼓罐一对，已为海估购去，计五百金云。嗣至冠南处，出示所藏各件，完整者有荷花碗一，外部花瓣，内则花叶相间，系最近大窑出品，惜色釉嫌淡，底足较厚，尚非大窑精品。黄釉大吉瓶一，早期龙泉罐有"时庵"二字，较为别致。后至剑南处，见有"湖滨遗范"小盘，有风裂，确为窑底货也。

回寓休息，项估复介绍本地人送看最近出土之鼓钉炉，此为早年所未经发见之式样。

一月十八日

早起至剑南处，见到早期龙泉瓶一，有荷瓣两层，其上覆有似葵花者围绕四围，瓶颈下方，亦有荷瓣，式样绝佳，向所未见。昨晚主人方贴纸以硝酸吊色泽，今早已洗净，得窥全豹，诚佳品也。

九时离查田，十里过岭为高漈头，又五里即达大窑，往叶家，晤正生兄，时已十一点。稍息，正生导往大窑南部，访视古代窑基所剩留之碎片，此处即第二次所得文字碎片之地也。即雇一儿童，为我专集有字碎片。

回寓午饭。……饭后，方欲出门，细雨霏霏，因而稍停。乡人送来物品甚多，可谓绝好之标本材料，惜因时日离乱，无暇搜集，抑亦不便搜集也，因遂置之。……仍由正生兄为导，往观最近一年来所挖掘处所。约离大窑里余，系在大窑之北。远望一带山坡，恐尽为古代窑基所在，未能施以大规模的科学底发掘，是一大憾事。据正生告我，去年曾掘得一窑基全部，窑内已空无所有云。

发掘处，地名坳底，自去年五六月间开始，足有一年，所出窑底物品至多。及至其地，周围约数十亩，尽系碎片器托，到此正如身入宝山，不禁为之目眩心惊也。我与德才尽量采集标本，并须随地摄影，至为忙碌。此处所见碎片中，发现双鱼洗极多，正生亦以为然。正生曾得一完整者，已售诸海估矣。双鱼洗外，复见有凸花牡丹碎片，此为炉身无疑。亦有鼓钉炉碎片，最近所以发见鼓钉炉者，即为此处挖掘所得。总之，坳底烧造各品，极为精美，殆为大窑方面当时最为出色当行之窑，毫无问题。偏左部分，可见大件碎片，如牡丹花盘，如香炉等不少，胎骨厚而重，此与昔年坳头所见者相同，殆为专烧大件物品之窑基所在地也。坡下田边适有一乡人在此发掘，得破损之盘三，我以其坳底作品，特购存之，为标本也。

途中在岭下相近处田边，亦有曾经被人发掘处所，正生告我冠南所得之荷花碗，即在此处掘得者，我亦摄影记之。

回寓有人送来石榴花印模一件，叶左并有一阴文"吴"字，我得之狂喜。嗣后又见飞马过海印模一，模背有"永乐三年吴一植记"文字，把手上方亦有"一植"二字，所与石榴花印模不同者，一有釉一无釉耳，我并得之，实为此次访古大窑最大之收获。

一月十九日

离大窑，往庆元。（略）

一月二十二日

早离庆元，十二时三十分到新窑，我仍以有无碎片询之当地人，居然因此见到新窑所烧造之碎片。窑基在溪西约有里许之小丘。据导者云，有上中下三窑，相距均极近。所得碎片，色釉较淡，仅有碗盏，是为烧造日用品者，故甚粗劣也。……

一月二十三日

途经查田，至冠南处，惜荷花碗已为温州来之某估购去，出示大麻凤耳瓶，实一极好之标本，惜乎此时我不能罗致之。

傍晚到龙泉，由项估导往余家，见及最近出土物品，并在福州某估处见早期龙泉之蕉叶盏，因亦忆及寒斋所藏一品与此相同，殆亦散失也。

五 （民国二十八年五月）

五月十二日

早七时出发小梅，树棠兄与世昌儿同行，雨后新晴，心神为之一爽。轿夫先沿公路走，随后进山，过大梅岭，第一次访古大窑时，曾经过此处，是以约略还有点记得。下岭经过大梅高溇头而至大窑。

到叶家，正生下田去了，晤其公子，遂托伊去知照，吾们与周某先去坳底勘查一切。

春间所见到一处田地，就是挖出来三只小盘的地方，现在是东一大穴，西一大洞，翻过了好几遍，此处就是发现黑胎骨碎片的所在地点。据说挖下去约有二人高，才能见到这种碎片，整器却没有得到，或者在那时候是一个倾倒破碎物品的地方，亦未可知。我们在此很仔细地检视碎片，获得十余种，原因是有许多碎片发见了以后，早就被人取了去，所以现在留在地面上的，只有人家所遗弃下来的一点儿。

就我所检到的碎片，都是些烧得没有成熟的物品，所以釉色尚未透现出来。我们在此盘桓甚久，叶家公子赶来了，要我们回家去用午饭。

到叶家晤正生兄，同时买古器也就来了好些。他们就说黑胎骨的碎片，是哥窑，上海同温州来的客人，都是你抢我夺地争买着，同时其他物品的价值，就一样地高涨起来，差不多要贵上好几倍。果然，我检问了几件物品的价值以后，不得不使我要伸伸舌头，吓得我简直不敢还价。一片所谓黑胎骨的一个小壶盖，四围还有破损处，上有凸雕之象一，釉色茶青褐色，有细纹片，可是光彩很夺目，制作极细结精致，胎骨细薄而黑，与乌龟山官窑无异，确是一件最精美标本，索价说是五百金。这是一块碎片儿，地头上的人竟会如此讨价，居奇到此地步，谁能梦想得到呀！

叶家与我碎片若干。其一，系盘底，釉未显出，底足规矩异常，呈黑色，碎片胎骨亦呈黑色，与两面未曾显出之白色釉相夹，宛然一片夹酿豆沙的饼干。其一，釉水绝佳，作蟹壳青色，上部边缘隐露胎骨，是即所谓紫口铁足的紫口，中部突出处亦然，釉色细腻，一望而知是一件精美作品的碎片。此外还有一个残余的两耳瓶，釉作深青色，紫口铁足都是显得很清楚，自然胎骨也是黑色的了。两件未曾烧透的物品，是一只小盘，一只小瓶，青的釉都没有透出来，所以全作乳白色，而底足上一条黑的线，以及口部隐隐间也可看出一点带黑色的边缘，那都是非常明显的。此种破碎或是未经烧透的物品，均因索价太昂，在此时期，无法可以罗致作为标本，自然有点懊丧。

郭某携来大印模一，完整无缺，把手上有一"张"字，上面通体青釉，极润泽，模面花纹下方"斗川"二字，殆印模中之最精致者，我以二十五元之高价得之，然而讨价却九十元，一个印模如此，其他可以想见。自从我上次购得两个印模以后，当地人就晓得印模之可贵，而一般古董商亦居然争相购买，至为可笑。

在周某处得一宛如乌龟山官窑之冰纹片的淡黄釉盘，此种黄釉而有如此纹片之物品，向不为一般古董客人所重视，及至我上次在大窑时搜罗些此种作风的瓶盘以后，也就大出其风头了。一人好之，众人和之，想不到我会有这样大的权威，可以左右大窑在山乡里出品的价值！

在叶家用饭，饭后命德才洗涤在坳底所得到的碎片，因为昌儿催促着走，于是很早就离开大窑。

到了高漈头，因为早已晓得此处有窑基，遂开始在山坡附近调查，居然发现一处碎片很不少，而双鱼洗尤其来得特别多。可见上次以为双鱼洗的唯一出产地，是在坳底，今日所见又要修正我的意见。从此可见大窑的青瓷研究，决不是走了一趟就可以说是研究已无余地了。一次去，必有一次的新收获，必有一次的新发见，这是我所深切感受到的一点。

此处出品极精良，堪与坳底相抗衡。有一种有底足的撇口卷边洗，外有荷花瓣，内有划花，实为他处所未见的出品。在此匆促间，检到不少的标本材料，是为此次调查中最重要的收获。

回到小梅，时间尚早，同着胡凡同学去访夏君于其住所，竟会见到一件宝盅，釉作褐色蛇皮，极光亮，可惜挖出来的时候，就碰坏了。黑胎骨细而薄，是为当时最精美的作品。如此一件破东西，竟有七个人合夥，其名贵亦就可想而知了。七人中之一人，就是可以由他作主的，恰巧已放木排到温州去，别人亦就不敢作主，为此任它是一件破东西，仿佛就无代价似的依旧由原人很当心的捧了回去。以一破东西而当它是这样宝贵的看待，恐怕在龙泉还是第一次。

五月十三日

自小梅到查田，晤见黄估，说有一件东西在龙泉，以致未能见得什么。周冠南号的主人亦往龙泉去了，无意中在郭君家中见着两件，后又遇到每日在大窑的郭某，搭坐我的车子同回龙泉。

午时到龙泉，至郭某家，得一起白线的樽，盖作瓜叶式，起白线的作用，是代表着瓜的式样，釉色颇佳。另见长嘴壶一，缺盖，上口仅有一小块缺损，釉色匀净，可称精品，而索价至贵，不获罗致，至为可惜。其他盘盏等件尚多，均有瑕疵，据说现在都能脱手。原因由于温沪古董客人买出后，可以修补得看不出破绽，一般收藏家，为其所蒙，竟以高价买之，其实那里有人为了做标本而买破碎的物品呢！……

六 （民国二十八年六月）

六月二十八日　星期三

六时半开车，王君一飞同行，李君毓唐未及赶到，在蜜蜂岭附近所要看的龙虎瓶，就不得看到了。一路小雨，过查田后似有晴意，黄梅天气，大概如是。

到小梅先去队部晤见诸同学，雇好轿子出发，已经九点多了。

过高漈头时，山坡上正在发掘，高呼着有古货，他们是误认我为古董客人，我即停轿上坡。是处挖掘面积约有十余亩，仍旧是双鱼洗为多，与上次所见的高漈头窑相同，我就假定它为高漈头东窑，因其在上次所见窑基之东的原故。据说出一俗称之骨筋炉，大窑之叶，以百十元之高价购去，还是缺了一块。此刻破碎的物已如此，完整而精美的那就不用提了。本来在从前之完整物件，出于冢墓间的为多，现在的出品，大抵是窑底货。窑底货虽有未经破碎的，不是窑风，定是搭釉，或则歪而不正，此在当时实是一种剔出而抛弃的东西，想不到千数百年后，掘了出来还可以卖高价呀。

十一时半到大窑叶家，刚刚坐定，送来看货的人已不少。就决定一面看看送来的物件，一面即在叶家用午饭。预备饭后去坳底，补摄照片，可是天又下雨了。四面山上湿云笼罩着，显得非常沉重，有一个送货的人就说，恐怕要下大雨，而且今天还不会停止，吾们听了，当然感到异常不快。

饭后。雨是的确下得愈来愈大，坳底之行，无法可以实现，就在叶家研究正生购的两件所谓黑胎底物品。

坳底在今年春天起，曾在极深的坡田底层，发现性质类似杭州乌龟山官窑之碎片，正生驰书告我，说是哥窑，并附寄碎片二，当然我看到了以后，就自然而然地会有一种异样的感想，时时萦绕在我的脑海里。上次到大窑去，才见着正生所购置的两件。对于正生所藏的这两件覆看一下，可是价值真可观，小瓶初索二百，予以五十可以成交，中途复变卦说是五百，外人来须千金可脱手云。

在此等雨的时间内，居然得到花模及双鱼洗印模各一，并旋转用工具数个，此为向所未见之物，不能不说是此次来大窑之唯一收获。二时后雨似略小，不能再往坳底摄片，即乘轿冒雨回小梅。一路溪涧山水甚大，与来时大异。四时余到小梅车站，此间同学拟留我住一夜，明早启行，司机怕雨后路面冲坏，主张回龙泉，我亦赞成其说，遂别小梅北归。

五时到查田镇，在周冠南处看件，无一当意者，即登车续行。途中已有几处水没路面。山路一段，并有泥块冲下，幸不碍路，到龙泉已七时。一飞邀往酒家小酌，并悉青社同志吴竞清兄在此，尚未离开，即去浙赣路办事处访晤之。十时后回，寓温州旅馆。

夜间下雨如注，明天赤石渡头，就无法可以过去了。旅馆房间窗户已卸，寒风侵袭，棉被极肮脏不能盖，一夜里辗转反覆，深以为苦。

六月廿九日　星期四

一飞来，雨仍不止，同往西街，看一只破油灯盏，极精细，釉色也还好，在此国难严重时期，未能罗致此种标本，心中感觉不快。遇大雨，即往竞清处应约，北河街小沟溪水已没路面，因之衣履尽湿，然而雨仍倾盆而下。

饭后辞出，北河街已成一河，即到对面大华旅社，另开房间，脱衣洗足，温州旅馆物件，即命德才搬来。据说全城除大街地势稍高外，余均没入水中。后有人来报告说，水离大桥，只有五六寸，桥基岌岌可危，为光绪三十年后所未有的大水。如此情形，东归道路，大成问题。

下午仅有小雨，似可不致成大患了，然而东街沿溪房屋，已有被冲去的，溪南浙赣路修理厂竹木漂去不少，盐务管理局冲去汽车两辆，其余的新车，亦均进水，食盐四十包，全部被冲，不能不说是一笔巨大的损失。街水未退，即在旅社中休息。大华为友人毓唐兄所新开，床被一切设备均系新制，可无臭虫之苦，因此如登天堂。一夜安卧，至为舒适。

六月三十日　星期五

早起水势大退，可是南去小梅，西往浦城，东走丽水三条公路均被冲毁，路面桥梁冲坍亦多。东行试车开四公里，即不能过去，闻此消息，至为不安。因为我是预定今天必须赶回世雅，迟则明天，此时公路被毁，不悉何日可以修复，而大溪水大，又不敢雇船东下，真可以说是束手无策。

去队部晤诸同人，悉莲花社地势较高，未曾进水。蒋君在东南旅馆，进水离床只三四寸，便桶竟悬挂空中，可称奇观。蒋君则一切均在床中，至可笑也。

到济川桥上看溪水，汹涌之势，据说已大减退，桥孔中被拦住的竹木甚多。同一飞及项估去余家看黑胎三管瓶（俗称），瓶口已破损四分之三，留存下来的作茶褐色，极润泽，边缘细薄隐然露胎，侧耳一完全，一缺损。瓶身的釉水，已经受了土湿侵蚀的作用，所以均作乳白色，并有锈痕多处，底足黑胎。此瓶为郭某所有，郭某现在大窑收货，即存在余家待沽，原经上海沈某说定，后以沈有某种嫌疑，浦城、龙泉两处，均经搜查，即仓皇去温赴沪，此瓶遂未曾携去云。

夜叶队长约我在大华晚饭，彩霞诸同学均来店中，并有毓唐一飞。饭后，项估来，说有大窑客人刚到城里来，诸友咸愿同去，遂到东街，其实就是养正对面的郭某。郭某尽出所搜集到的各品，一一罗列桌上，件数虽多，精品甚少。有好些荷叶洗、双鱼洗，搭釉窑风，不一而足，可是你问问他的价钱，却又是一百八十的瞎讨，尤其是注意着我所沾手的物品。因之看了不少时间，未能成交一件。

七月一日　星期六

早起项估同郭某携来自大窑购得的一只黑胎面盆洗（俗称），研究了许久，觉得一切制作，完全仿照乌龟山官窑式样，惜乎边缘有一块破损。后与项估等同至东街郭家，覆看月白菊花洗，釉色匀净雅洁，幽蒨可爱，此洗郭某杂然置诸百余件物品里面，但是自有它的独出风格，所谓梅子青种种釉水，均为之黯然失色。本来什么物品，只怕比较，何况是一件仿官的精品呢？设法与之成交，颇费唇舌。

回寓与一飞同饭，饭后竞清来，以新得仿官两件物品示之，竞清深以为然，并以月白菊花洗，谓在龙泉所得诸器中，实系精品。后去访龙泉藏家吴君于其寓所，目的是要看一看伊所新得的一件花觚（俗称痰盂尊），吴君慨然出示，釉色亦属月白，莹润如玉，叹为观止。底足极规矩，显出龙泉制作本色。口部缺损一块，系白胎骨，是为龙泉仿北宋窑之精品。藏家物品中，在我看来，此件最为惬意。摩挲许久，爱不忍释。及至辞别吴君出来，此花觚所给与我的印象，还是一一浮现在脑际呢。

三时后，同毓唐及彩霞等诸同学往游古金沙寺，天气又闷热起来，怕要下雨。

晚诸同学邀饮大华，我虽以水阻路断，不获即日东归，然而连日所得与所见者，足以快慰平生，实为此一次大水所赐给我的结果；否则的话，我是早已回去，不能得到郭某所搜集的东西，失之交臂，何等可惜。

七月二日　星期日

车路何日修复，尚无消息，昨夜经过短时间的雷雨以后，水势又大了些，因此不想雇船下去。午前开始补写日记，一飞来，始辍笔。

饭后同项估去看温州人王某，是一年到头川流不息地来龙泉收货的一个人，与之谈，悉上海戴福保已到东阳，曾来信说，废历十七八即可来龙，想此刻已到丽水，亦因路断而停滞下来了。王某处，得一黄色双鱼小洗，颇精美。其他物品悉系窑底货，此与在林某处所见的约略相同。总之现在要是搜集标本，尚可得到，然而价钱已经很可观，如要整器实在不可多得，完整而还要精美，更是不容易的一件事，可惜前几年我没有能够急起直追地来搜集，不过话又要说回来，搜集得多了，不是跟其他物品在湖滨寓庐受到同样的命运么！

从王某处回来，稍稍整理所得物件，极为兴奋。项估送来黑胎破损小瓶一，洗之，黑色尽失，作伪之速，真要时时刻刻留心着他们。项估去后，吴先生来访，看我几件仿官物品。

傍晚，彩霞等来，系一飞邀饮在大华也。同人要我指导研究龙泉青瓷方法，我就以《中庸》所说博学，审问，慎思，明辨，笃行告之。学要博，问要审，思要慎，辨要明，如能经过这几个阶段，然后可以谈龙泉，然后可以买龙泉物品，而不至于上当。如其反过来谈，就是不好学，不虚心，不肯动脑筋，不能确实地判别真伪，那末行起来，不是一个盲人骑瞎马么，那就危险极了。

七月三日　星期一

午前写日记，饭后，同季君去炉田，看他所藏的物品。炉田在蜜蜂岭后，离龙泉十五里，坐轿去，来回计四小时。

季君亲戚在炉田置有新屋，离溪边并不远，地极幽静。季君在该地亦有地产，拟种水蜜桃，平均约有四五亩，是一绝好的种植场也。出示龙壶一，完善无损，惜色釉较灰，及微有冒烟处，并非精品。小瓶二，式样普通，釉色尚佳，是为冢墓间物，主人甚重视，因而未敢问价。鼎炉一，系今年所新购，据说费去三百余金，我亦未以为然。自此，我更坚信我之主张，就是学而不博，问而不审，自然就不会慎思明辨，也就无法可以开始做买卖。不过龙泉人尽多看着人家发财自己眼红的朋友，其结果也未见得失败，因为有一班海估做主顾，什么物品，都可以销售出去，那末还要博学审问做什么呢？话虽如此，吾们研究的人，不能不这样。

回来后，我的兴趣依然非常浓厚，我就记起《西风》副刊上登载着 W.M.Marston 刊在 *The Retarian* 上所说的几句是："世间最快乐的人，即是在生活各方面都能尝试的人。世间最苦恼的人，就是平生只有一件嗜好，不幸失去了这一件慰藉，他就感觉到苦痛了。"仿佛是吃青果，愈能体会，愈觉有味，这或者就是我的人生观，所以虽在水阻路断的今日，还是精神磅礴，毫无沮丧之意。

七月四日　星期二

早起，雇船，自龙泉回丽水，另详日记。

七　（民国二十九年一月）

一月十三日

六时余，从松坑口开车到云和，是要赶上丽水六点钟所开出的浙闽直达车去龙泉。及至云和，尚有一小时的时间，就进城办了一点事，再出城，还等了些时候才上车，上车客人极多，不得已，挤在中间，丝毫不能动弹。车开后，盘山上赤石岭，晕车的人有好几个，东吐西呕，我的外衣上还被沾染了一角。

十一时余到龙泉，先往十七队，晤叶队长，后到大华饭店，仅见工友二人，房间里尽是尘土，凄凉已极。去剑园午饭，剑园为新成立之旅菜社，大华旧人多数已改在剑园，以其开幕不久，自有一种蓬勃气象，决定改住剑园。同行孙君，即为我去取行件，安顿于此，较为舒适。

下午去温州旅馆访周君，他从温州回来，今日在车中相遇者。并晤余君，即回余君寓所，看龙泉出品。据说，溪口新发见一窑基，有黑胎物件，完整的极少，然而破碎的却能得到善价。原因是有王某者，自称六省古玩公司代表，在龙专事搜集此类物品。王某去后，尚有夥友在龙，时乡时城，广事罗致，所以近来龙泉出品，比之上年要贵上好几倍。好一点的，即在龙泉装盛木匣，邮寄上海。王某一次寄出，只是邮费，要花上百多块钱。如此情形，龙泉本地人看到就眼红了，拼命地把挖出来的东西，不论好歹，一概是索价甚高，于是一般估客囊中，均是充实得很，就是做掮客的项估，也居然赚到好几百元，其他可知。我在余寓，仅得小品数件，溪口黑胎标本，动辄须数十金，只有付之一笑。

夜在寓与叶队长商酌，决定明早同戴君去溪口调查新发见的窑基。

一月十四日

午前，李君来访，同去藏家吴先生处看新得盆洗一具，此为项估得之小梅夏君，而以相当高价售诸吴先生的。边缘有窑风缺损一块，全形并略有歪斜，这还是一件窑底货。釉作淡青带黄色，通体百坂碎，与乌龟山官窑所见碎片无异，可以说是一件最为重要的标本。此外吴先生还出示许多溪口发见新窑里的碎片，很有不少胎骨极薄，釉色极润的，黑胎之外，尚有所谓灰胎的一种。我看了这许多标本，心中遂浮现出不可思议的欢悦，仿佛神魂已经飞到溪口山边，踏上了新窑之基，眼见到一座宝山一般。

回到剑园，晤见青社同好吴竞清兄，他到剑园来应酬，匆匆地告诉我一个消息，就是说，新发见的窑基，是在墩头云。我即去四海春午饭，饭后到溪南车站，晤见戴君，同上车，到溪口。

先去访余君，略谈片刻，挽其同去墩头探访窑基。据他说，窑基实在瓦窑坝，离墩头已不远，一般人即以墩头名之。自从去年六月开始挖掘，每天约二三百人，足足挖了半年，泥土翻过了好几次，现在是没有什么发见了，遂罢手停挖。在此半年之中，卖出物品是有五六千元，破碎缺损者十之八九，完整者不过十之一二而已。

同余君越溪循着去八都的大道，经过我从前所称许的溪口大麻窑进去，约有二里多路，那就是墩头窑基。此处有窑基二座，碎片遍地，可是精美的标本，已不甚多，因为前面所说到的王某，居然好的碎片也收买，说是外国人要搜罗云。我与戴君开始检拾，余君亦帮同我寻觅，居然得到满满的一篮。

余君指点溪右，亦有窑基，规模不大。在马夫人庙之前，就是没有到大麻窑基的地方，也有窑基，作品与大麻窑相同。我于回溪口时，途经该处，亦曾检拾一点碎片，这个窑，我就称之为庙前窑。

回到余君寓所，出示墩头窑中所出小炉二具，均有搭釉，然索价均在千金左右。我非藏家，不能罗致，却以二十五金购一黄釉百圾碎破炉，实一绝好的标本。墩头出品，胎骨之薄，胜于坳底。数月前小梅夏先生处一只破罐，即胡凡同学为我代购的，当时看到颇讶其质地不类大窑，现在才明白是墩头的作品，如此说来，墩头之发见，竟是后来居上呢。

四时余雇一挑夫到查田，宿查川旅社，吃了三个鸡子，就算一顿晚饭。到周冠南处，见有七钉烧造的洗，就是一般人所谓的七星洗。高仅及寸，式样绝佳，色釉葱翠，边缘有缺损一小块，索价说要数千。现在的龙泉，所碰到的掮客以及收货的小商人，竟不晓得有一个"穷"字。货品虽有缺损，一样地要价几千几百，真是骇人听闻。双龙耳七弦瓶，口部缺一块，亦须三四百金。另有一小盆洗，反面只有搭釉一小块，确是墩头货，为我所得。离周冠南，有一更夫邀去朱家，所见墩头出土物品，亦有数件，大窑鱼水池色釉均佳，此为近来所出之式样，我已见过数回了，好像上次来时，到处都能见到鼓钉炉一样，此刻也就看不见了。这因为刚刚挖到一个窑底，自有一个窑底特异物品出现的原故。最后，我于朱家得一早期龙泉荷瓣瓶，跟上回去黄家所得的式样不同，而时代则一。

回旅社，天忽下雨，据说晴了已经许久，我来龙泉，又该下雨了。

一月十五日

原已找好的轿夫，因雨说不去，只得又烦旅社主人去寻觅。遂冒雨往剑南，由女主人领去，某保长家，见到有柄杯一件，这在城里已经有许多人提起过，该件略略有点歪，亦系墩头窑底货，索价八百金，他们都是想等待上海客人，可以卖得好价，其他窑底物品很多，我只挑选了几种标本。

查川主人来催，说是轿夫找到了，即赶回查川。更夫持一大盘来，已等我许久时候，盘系淡黄糙米色百坂碎，仅有釉疵多处，别无毛病，大小约等于佐卿所藏之大盘，这才是一件龙泉重要的出品。何以在剑南居住的古董商人没有见到呢！匆匆间得此，心中惊喜，自不待言。

雨中起程往大窑，时时取出大盘，观察其纹片，注视其式样，摩抚其光泽，得此珍件，可谓不虚此行。往年佐卿所得之大盘，纹片与乌龟山官窑相同，因以乌龟山官窑目之，不知此即所谓百坂碎，为哥窑唯一之特征。因为在当时还不晓得哥窑在哪里，究竟龙泉有无此哥窑，有好些人持此怀疑的见解。自从去年坳底发见黑胎骨物品以后，虽不能说哥窑的谜，已经解决，可是一线曙光，却已启露后此之重要发见。果然，去年复发现了墩头窑基，而此种百坂碎的出品，先后在掮客手里显露出来，哥窑之谜，殆将循此途径，豁然揭破了么？自然这在吾国造瓷史上，是有极重要的关系，未可等闲视之的。

到大窑叶家，正生已去小梅，由其家人取出各件，均属寻常。最后由一当地人送来瓷印一，纽上有"姚宅立"三字，边有"甲寅十一月初一"等字，阳文"佛法□宝"。印未上釉，古朴可爱，急购之，可是我总不明白"姚宅立"三个字的用意。后来叶家二世兄说大窑外五显桥边直上，原有姚姓居户，后迁庆元。数年前尚因山地争执，跟大窑人涉讼云。大窑姚家先世，在宋朝时曾有一姚某官至光禄大夫。现在梅岭脚下进去约四五里路金绳寺里，尚有他的塑像。经此说明之后，我相信这个瓷印，与当时姚家有点关系，不知道《龙泉县志》里面，有此姚某其人否，当一查县志，或可得到一点根据。不过无论如何，宋代龙泉烧造的瓷印，是很可宝贵的，同时我还记起在民国二十三年第二次访古龙泉时，叶正生君曾告我有一"绍定六年姚宅富位"等数字的五寸盘，有此"姚宅"字样，瓷印殆与之同一时代。

雨是继续的下，我又怕遇到上次水阻在龙泉的覆辙，因此不敢去小梅，仍命轿夫越梅岭回查田，候公路车较为稳当。

过梅岭后，问轿夫以金绳寺，心里颇想去看看，一因天雨，二以须赶回龙泉，只得待诸异日。

到查田，距车到时间尚有半小时，同行戴君已往小梅队部候我，晤古董客人某甲，一同赶车回龙泉。

客车到，戴君不在车上，伊却误以我必回小梅，所以未曾上车，然而我的行李都在他那里，没有法子，我只得一个人先回龙泉。

到龙泉，项估已来站候我，即回剑园，竞清派专役来速我去晚饭。遂先同项估去林家看一墩头出土之有柄高脚杯，色茶末，胎极薄，口面有破碎后黏补的一小块，为墩头物件中之最为完整的，索价亦八百金，总之此刻可以稍为看看的东西，不是一千，定是八百，其实只要海派商人，不去顾问，就会降落到几十块，或是十来块，也说不定。可见出土物品，哪能凭他们做买卖的来估定它的真价值！真价值不在物质上纸币的数字，而在文化上的估计，这当然不能以数字而可以判定的了。

竞清寓所离城约四五里，黑暗中走泥滑的小路，有点走不惯。竞清出示所藏，我亦以此番所得自认为与龙泉瓷器至有价值的几件，与他商榷，相谈约两小时，用过晚饭回寓。

据竞清说，浦城最近出土物品颇多，因此掘墓的风气亦极炽，为此县府驱逐古玩客人，甚至派警在汽车站搜查，如有古物，即行没收，如此雷厉风行，古董客人大半都跑来龙泉了。安得龙泉地方政府，亦来清除一下！至少可以留存多少宝物在本地，不致完全落到上海人之手。

一月十六日

早起，剑园伙友邀去看货，哪里知道是从前一飞兄的房主人，向来不做这买卖的。据说半年来亦卖到八九百元，现在大可不必再做其他事情，吃吃这碗饭，也足够温饱了。究竟他还是外行人，不像古董客人孜孜为利，所以他很客气地送了我好几件破碎的标本，都是墩头最精美的标本。此外也得到几件零星的物品。复去林家，覆看有柄小杯，时间不容许我多耽搁了，赶趁十一点的车先回云和，再转自己的车，回松坑口宿。

八 （民国二十九年七月）

七月二十七日

早起，同昌儿走到南山站，搭六时五十九分车，往云和。上车时颇挤，过大港头后，得获前面座位，尚舒适。昌儿仅去云和，我则复购票往龙泉焉。十时余到杨梅岭，以龙泉有警报，即停在车站，逾一小时，我就树荫处阅辛弃疾之《南渡录》，无意中于路侧见有烧窑器托甚多，因又引起我探索造窑兴趣，果获碎片。询之一小店伙，据云附近山边碎片甚多，是此处有窑基也。就碎片观察，审为明代制作，惜以车行无定时，不获搜寻，仅拾碎片及窑具数事，姑以杨梅岭窑名之。

车开过梧桐口后，龙泉已在望，忽有一料车自龙泉驶来，说有紧急警报，车复回头，避于路旁树荫处又一小时左右，因此，到龙泉，已近二时矣。去剑园，开定房间后，即去十七队，晤树棠、月秋诸人。

同树棠去翁家，主人年来竟以收买龙泉出土物品为副业，颇获利，因此兴致极佳，常有沪温客人来翁处收货。据闻海估王某，于今年半年内，在龙泉收买之物品，约值万八千金，均用邮包寄沪。求之者，既能出高价收集，而又不限于器皿之完整与否，为此凡是出土物品，价值高涨。即在翁家所见之黄釉小盏，向之仅能卖一元左右者，今亦索价十二元，其他可知。在此见到墩口最近所出之薄胎物品，如盆洗等式样色釉均佳。并见赝造之印模一，上有划刻"章"字，意为章生一、生二时所用之物，殊不知此种印花印模之开始，系在明初，非生一、生二时代所流行，伪造伎俩至此，亦可哂也。

回剑园后，古董商人送来物品至多，我仅得一墩头出土之破盏，可为标本。

晚饭后去林家，得见主人所重视之品。计（一）墩头高座双耳扁形壶。黄釉尚未烧透，座脚已破损，口部亦然，惟式样制作均佳。（二）墩头细口矮颈壶有一搭釉，主人说以千四百金购得者。（三）大窑胆瓶，制作极精，而口部已缺损一小块，并有搭釉。此外有柄高底足小盏，即前次所见者，奇货可居，即予以四百金，恐亦未肯脱手也。其他另星小件，均有缺点，以致一无所得。回寓已近十时，小楼上凉风送来，荷香扑鼻，旅寓如此，遂忘劳顿。

七月二十八日

早起项估来，同往各处，均无所见。

回剑园，与晓沧先生及巽泽、树棠同饭，估客携来小件，竟有一宋澄泥砚，系冢墓间物，余即购之，以赠郑先生焉。

饭后，同树棠去南站搭车，往溪口余家，并未见有何种珍品。原因由墩头发见古瓷区域，面积较小，几次发掘，所蕴藏于地下者，已无余存，为此墩头物品益见名贵。其稍稍完整者，非数百即千外。此种风气，闻系二三海估所造成。海估之来也，不问物品之如何，但系黑胎，一律出以高价，贩之沪上，可获巨利。如此一次二次之搜集，黑胎物品，几成黄金之可贵矣。其次，则以粮食上涨关系，因而涉及出土古物之价值，向来一元可购食米二斗者，今仅二三市斤，相差如此之巨，古瓷价值之提高，殆为自然之趋势。复次人工一日现需两元，以较从前五角一日之情形，几高四倍。由此种种，出土物品之价值，较之一年以前，约高十倍，即从前一元可得者，今非十元不可，甚至索价二三十元，亦寻常事也。

离溪口后，同树棠步行去查田，止于周冠南号，由主人周佩兰君之引导，往各处看件，迄无当意者，遂回冠南号，佩兰尽出所藏约数百余件，目为之眩。

晚饭后，复去黄家，看至九时，回寓休息。

七月二十九日

五时即起，六时左右同树棠乘轿往大窑。先是与轿夫言明须弯金绳寺，然后折往坳头、坳底，而至大窑。因我此番目的，固在金绳寺，欲一观姚氏塑像也。至则金绳寺在一山坞间，地极幽静，正殿三楹，侧屋有二塑像，即宋光禄大夫姚舜明及其夫人也。寺中遍觅石刻碑记，竟不能得，意者毁于兵燹欤！闻姚公墓即在寺后山坡之上，遂浼僧人为导，上山谒墓，至则一土堆耳，余屋潮霉不堪，无可留恋，遂乘轿离寺。过坳头，此处为我于民国二十三年由隆丰来大窑时曾经路过之地，并于此处得见龙盘碎片颇多。此次遍询土人，毫无所获，曾见黄釉鼎炉一，中心黏有小杯亦窑底货也，然而索价须五百金云。

到大窑叶家，正生卧病不能起，其家人亦去小梅，未能检示所藏，又行色匆匆，急须就道。即在叶家用过午饭后，经由大梅岭返查田，径往黄家，须看早登科第瓶，釉色虽有一部分冒烟，尚系完整，即购归以实我藏。莲瓣小盘则未能罗致也。

佩兰兄抄示《金绳寺记前序》，承其送到车站，至为可感。三时余趁车回龙泉。

夜秀英、月秋邀用晚饭，饭后阅《金绳寺记前序》，今为抄入我之日记。

金绳寺记前序

本寺檀越原籍余姚迁杭城化市街白碧墙居住官封右宪大夫右副都御史姚端公配张氏诰封一品夫人长男舜明官封金紫光禄大夫次男舜恒官封都御史镇殿将军因岳少保遭秦贼诬害屈刑灭族姚乃见机而作挂冠避龙邑东皇地方风土鄙陋违之又徙琉珃即今大窑地方舜明公生三子长孟球次孟琦三孟珪官封提督府岳公冤白受封复归杭城舜明公年迈隐居不仕时宋孝宗丙戌岁四月望旦兴创剑南钵盂山构造华厦杨坳头地方杨义钦挟隙冒奏姚氏私建皇殿公文达部无奈改屋为金绳寺作三官宝殿所置田地山场一土一木尽入本寺香灯永为国产舜明公偕子仍居大窑本山招僧焚祝禅修之迄今数百余年遭甲寅闽变殿宇倾圮本有常明师坚守道场料理杂务未几坐化不遑修尼往来者诚为叹惜皆因力微缘薄难以兴工故耳延今康熙四十一年众檀越居士请予住理欲发愿力与佛增光以无负殷勤邀请之意予囊悬罄缩口忍腹同徒经历十载修理杂务之外余资衣钵银尽捐入本寺起造前堂砌筑垣墉砖瓦等费共约一百余金其遗下山场田业俱管底定虽属沙门世守不能逐一双钩勒石然记载亦不可略特立兹谱将所有山场田地一应什物登录慕详以为后人恪守共证菩提传灯于亿万斯可也康熙五十年岁次辛卯春三月穀旦常山住持实桯同徒定一谨志

八月三日

早去十七队谈话，后同树棠去林家，溪口小盏，主人视之若拱璧，其为主人所不重视者，居然有佳品，因购数件。回寓悉有便车可搭。我其为黄鱼欤！即赶车站，别树棠开车。……下午五时到松坑口。

九 （民国三十年九月）

九月十七日　星期三

六时余开车，先到永康。……十一时余到丽水，在天真吃了一盆素炒面，须洋三元六角，生活程度之日见高涨可见。饭后，车过渡头，折断了一个闸车，勉强开到县头修理，自己走到松坑口材料股待车。四时后，车才修好开来，即上车西行，到云和已上灯时候，今天不及赶往龙泉，只得停留于此，即去卫生院晤高院长。

九月十八日　星期四

七时开车，到龙泉已近十时。先将行李安置在同舟旅馆，这是一家小旅店，面临公路，楼上还爽亮，先后去县府及卫生院接洽公事。……去余家小坐，同往温州旅社，识周君，谈了一会。后去林家，所看到的还是那几件待价而沽的东西。主人对于有搭釉的一件梅瓶，说是在冢墓间出土的唯一黑胎物件，因此极为珍重。为了这，他又悬想了好些意见来解释，为什么这件黑胎梅瓶在坟里出土，他的推测，纯然是一种凭空的臆断，

龙泉访古记 ｜ 157

毫无一点根据，当然姑且听之而已。他说竟以千三百金买进，希望在这小小的梅瓶身上，要发一注大财，我恐怕不见得会这样容易罢！把杯据说周估已出八百元，或者还是空气作用。总之龙泉出土物品，由于年来海估之竞相购买黑胎，一般唯利是图的商人，就闭了眼睛讨价，同时还说了许多什么法币不值钱的话，以为他们所以要高价的口实。为此，近年来，你如想在龙泉搜集一点标本，极为困难。

由林家出来，回到旅店，吃了两个鸡蛋，一包花生米，几个芋艿，一点五加皮，这是我的午餐。人家请我去吃饭，我是谢绝了。

饭后去翁家，一无所见，后去接洽点公事。

晚间出去应酬。又喝了许多酒。

九月十九日　星期五

七时乘轿过大桥，走公路，十时余到青坑，轿夫在此午饭，可是询问了几处，只有白饭，并无菜蔬，要一元八角一客。龙泉今年东乡饿死的人不少，就是南乡也不见得怎样好，到现在山里还有许多吃草根树皮的。吾们在省里的人，哪里知道呢！据说龙泉大桥上，就饿死了好些，今早轿子经过的时候，我还见到一个骨瘦如柴的小孩，躺卧在桥旁的横板上，见了以后，心中为之恻然不已。为什么只是本县几位慈善家出来施施粥，而不见有保育机关设法来收容此种小孩呢！

到溪口访晤余君，见到墩头出土的一件物品，形如盘洗，中有五管，底部均有孔，是一种插花用的花囊。墩头出品之精美，以此花囊，又得到了一个佐证。余君说，今年因粮荒关系，无人发掘，因此并无新出土之物品云。

到查田先晤建民及陈保长等，商谈公事。……后到陈家，看把杯，有剔釉二处，并且稍嫌不整，当然此刻非五六百元不可。随至某家，见到冢墓中出土的早期龙泉荷花有盖罐，高约八寸，为五管瓶一类的物品，可是难得型式小，而釉色又绿，实为早期龙泉中的精品。此外还有些窑底货，别无可记。最后同陈保长到公路边山脚地方，勘查古代窑基，得见合钵散块，未能发现碎片。据说早年曾经发掘过，作品类乎大窑云。

晚寓周君新屋楼上，周君曾得一五寸高的小方瓶，绿釉，底部稍损，最近周估以二千五百金购去，可说是一个高价了。

我此次来龙，曾听到某估说，此种黑胎物品，到了上海，专销几位研究古瓷的外国人，就说是杭山乌龟山的东西，并且说得很像煞有介事的哪一处地方出土，出土的情形是怎样，当然还要编造一串假事实，于是这一件黑胎，就可以冒牌出卖它一个高价。事情既然是这样，所以墩头的黑胎，虽说是有了这样的幸运，其实可惜了墩头的真价值，而竟戴上了毫不相干的乌龟山官窑的高帽子。这不是一件冤枉的事么！我在此处，应该尽情地记载出来，为墩头窑的出土物品吐一口气，似乎不是一件寻常揭破黑幕的小事情！

黄枬郭君特来周家看我，他的物品很多，有大窑出土的黑胎八角盘，那是我所见到过的，现在索价千五百元。釉水极好的一只约高八寸的开片瓶，口部缺了一小块，底部微微有点倾侧，索价六千三百元。小盘一，大小正如我所收藏的那一件，可是釉水还差一点，底部亦有缺损，要价六百元。大约我所看得过去的，都要如此高价，就是极平常的黄色大蒜瓶，釉色还是次等货，也要八十元，在从前不过七八块钱而已。你要问他们为什么？他们就说前两年的米价，一块钱十五六斤，现在只有十二两；轿夫的中伙，一毛钱一顿，现在贵到一元八角，法币不值钱如此，古瓷价格的高涨是很自然的趋势，为此他们确实有他们的理由。

郭君物品中，尚有明大窑雕瓷镂空瓶下半截全形，在当时已有此种制作，至堪惊异，可惜不能罗致，作为标本。象盖亦由郭君购得，据说周估已与以一百五十元，他还不肯脱手，一块破片儿，如此价钱，正是骇人听闻。

九月二十日　星期六

早起，到陈君处小坐，即启程去大窑，建民偕行。

十时余到叶家，正生适患疟，行李安顿好了，即去周某家中，有一卍字印模，把柄已断，别无所得。

午饭后，由正生公子为导，去看坳底发生黑胎碎片的地方，以今年无人挖掘，所以草长得很高，不易觅得碎片，仍回叶家。有人送来古器，都是窑底货，毫无可取。

晚饭后，叶家出示所得物品真不少，墩头出土的有俗称之骨筋炉一，制作极精，口面及腹部均有缺损处。大窑黑胎有柄把杯，把已全缺，余无毛病。大窑秋叶有柄小杯，只是边上有点缺损。明龙泉湖滨遗范盘，三管瓶，都还好。还有宣德元年年号的镇纸，可说是一件奇品。白釉瓶一，是完整的，主人颇重视，其实釉水未曾透出，不足为奇。最后出示一器，系一有盖罐，现在是缺盖了。此罐原在一民家，盛放猪油，已极污秽，叶君购归后，曾给某估看过，说是江西货，就没有去注意它。现在给我看看，要问我的意见，我就说绝对非江西出品，底足式样（有荷花瓣）都有大窑的特色，又有何疑。叶君慨然归我，供我研究，心中至为愉快。此外承赠加彩碎片及黑胎碎片多种，均属极佳标本，可谓不虚此行。一直看到标准钟十点，足足有数十件之多，十时半才上楼休息。

九月二十一日　星期日

早起有雨，为什么我到大窑，总要下雨，至为闷损！七时启程，走坳头隆丰而到青坑，十一时到砍湖，轿夫在此午饭。候时间忽然阴暗起来，轿夫以为要下大雨，我说这是今日日食的时间到了，可惜阴雨未能见到全食，只是三分间的一个时间，宛然是天亮时候的情形而已。

四时到龙泉，仍寓同舟，陈君等来谈。

晚饭后，整理此番所得的各标本，我对于哥窑的石里隐纹如鱼子，颇多体会。不过这五个字，说得太晦涩一点，不容易给人领会到，一定要实物在旁边对照起来，于是这五个字才明了。多年来未能解答的谜，一旦豁然贯通了，真是有说不尽的欢悦。昨日所得之缺盖罐，为标准的哥窑物品，某估竟以江西货目之，可见鉴别之不易。

九月二十二日　星期一

八时陈君等来访，谈事甚久。

十时冒雨开车，到杨梅岭抛锚，修理费两小时，勉强开出，过源口后，一路冒雨东行，帽檐雨水如注，亦属无法。过赤石渡，溪水盛涨，再下雨就不能过渡了。二时到云和，站上人说，局村不能过渡，而将三轮卡推到卫生院，今天只得宿在院中，希望今晚雨停，明日可回方岩。

山阴道上访古日记

一　（民国二十五年五月）

近来古董市场上关于九岩窑的出品，真是说得活龙活现，你去，我也去，差不多天天有人过江前去九岩的，我亦就不能例外地去跑了一趟。先与僧佗、子春二人约定了，在江边车站相见。

五月十七日　星期日

早五点一刻起身，天已下过小雨，不管它，六点钟出门，车过南星桥，碰见了僧佗，他说大约子春不能来了，为的是天气靠不住。

我们两人过了江，刚好赶上七点钟的一班车，八时就到了钱清，雇了一只脚划船，我与僧佗面对面坐着，脚划船是不能乱动的，因此我就立刻回想往年游兰亭时，船夫拍拍船板的故事。上面的篷推开了一部分，可以看看四围的景色。船向西南行，八里，鲍家，再过三里，经古九溪闸石桥，就是九岩。

九岩窑基在一人家后面竹园里，已发掘了多处，最近围以竹篱，与外面相隔开。竹篱外发掘地方很多，三只狮子就在此处发现。现已由九曲乡乡长出示禁止开掘，因为前几天乡下人争先恐后地掘宝物，险些儿闹出事情来。

据说最早的发现是在竹园里，掘出一只洗子，随后又发现破碗爿很多。当时有一绍兴的古董客人到那里去，买了一点，自此就哄动了乡下人好奇的心理。先出两只狮子，为柯桥蒋某买去，出价四元。不数日，谣传说蒋某发财了，得到数百元。同时出了两个人儿，其一由城里史某以十块钱买去，其一则在本地人某甲的手里，上海去的某甲，一出口给了七十块钱的高价，从此就了不得，可说是九岩遍地尽是黄金。其实两个人儿，都是不完全的东西，乃是灯盏的中间一段。人儿上方应有一只小盘，底下自然就有座托，现在只剩下这一截，七十块钱的高价，真是不知从何说起。更可笑的，以十块钱买去的一件，却索价百五十金，可以说是荒谬之至。日前史某曾来杭，竟无人过问以去，在他懊丧之余，或者会觉悟到望天讨价的可笑。

我们先到竹园里去，看一看情形。园地约高七八尺不等，俨然是一个土阜，跟篱外的土堆，成一个倾斜的地势，直达溪边，就这一个地形来观察，可以说是窑的地位无疑。所掘出来的残件，以直径约五寸之洗为最多。洗的外缘，有一圈图案花纹，仿佛陶器上的席爿纹，也有加上几个虎面的，还有几种别的式样。就器皿说，一般人所称之天鸡壶，也是九岩的当时重要出品之一。而最奇怪的，人们所称述的"虎子"，在此处见到绞丝式的把柄两个，还有一个未经上釉的虎面底口部，由此我又证实了所谓"虎子"也者，是出于九岩的。可惜这两件残片，没有买回来做标本，因为我是直到以后回到船里才恍然的想了出来。窑具的型式不多，最普通的是习见之圆形多脚座，还有瓦筒式一种，均已残破，上面往往划有姓氏字样，恐怕是当时窑户的记号。

窑基靠近溪边，此处有石桥，现称九岩桥，疑即古九溪闸所在地。闻有一窑具，上有年号，现为当地高某所得，惜未能一见之。《山阴县志》上，对于九岩窑的时代不见有丝毫记载，就我粗浅的见解说，其年代当然在上林湖之前。余姚方面自中唐起以迄五代钱氏（因为中间有长庆及太平戊寅等等实物的证明），已经明了，尤其在五代的时候，所发见的遗物，确实可以说是成熟的产物，而九岩的东西，似乎要古朴单纯得多，这就式样、花纹、质地种种方面都可以证实了它的时代。

不过在这样单纯的花纹里面，我却发见了一片浮雕着一只狮子的碎片，不但线条来得刚劲有力，全体的姿态，都是非常地优美，釉色也薄润得很，这在九岩窑里要算是精品了。

由九岩再向西南，一里广济桥，三里王家溇。一路有微雨，但是兴致还是很浓厚。我向僧侘说，只要我决定做一件事，哪怕天公不作美，至多是湿了一件衣服，再有什么大不了的事儿呢。我相信从这一句话里面，可以见到我的个性。到了王家溇，雨又停止。我们从船埠头上岸，经过一片田地，向对面的山麓走去，远远地已经看到一块新近翻土的区域，那就是最近发见的碎片处。

此处碎片跟九岩所见到的相仿佛，可以断定它是同时代的作品。就现在的地势看来，还是窑基的附近地段，整个儿的窑基，却在上面一点。我在那里检拾了几块碎片以后，就下船回秦望。

王家溇到秦望，中间经过大王庙（二里），宾舍（五里），宾舍到秦望又五里，在秦望站候车，约三刻钟，天已放晴，就觉到有点闷。我与僧佗各人取出自己带来的干粮当作午餐。车站上的站长同脚夫刺刺不休地询问我们到九岩去的情形，有一脚夫说，最早去的一个绍兴收古董的商人，一角钱买一只碗，足足收去了好几筐子，大概他是吃出了罢，说完了这一句，朝着我们笑笑，那个脚夫自然以为我也是同样来收买古董的商人呀。

车来了，我们就乘着十二点二十六分的一趟车到柯桥。僧佗在此地是脚边路，二十年前还打过水公馆在此地收买古董，所以一到船埠头，就有熟识的船夫来招呼，并且口口声声叫阿佗长，阿佗短，可见阿佗当时在柯桥的情形。先去蒋某那里，看凤凰砖。蒋某不在家，就到对面棋盘山，找到一个向导，去看柯桥人所说的王莽洞。洞是已经填塞了，据说在这洞里出过凤凰砖十多块，还有我们自来以为富阳窑的器皿五件。

回到车站，恰恰一班车开过去，即在站旁小茶店里候车。蒋某来看僧佗，闲谈了好一会，乘两点二十六分的车到绍兴。

先到火珠巷某处，看看某甲所出过五百元的那只洗子，原来也是九岩的东西，外面一圈花纹，三个虎面，不过多起一条线。翻口上有波纹样划出来的图案，里面是同样的花纹一圈而已。大尺寸而起直线的一件壶，两侧的环已坏其一，口上也有一点缺损。一只大而破碎的编钟，就是一般人所说的吹釉一路货色。又到于君处，却见到几件小品的东西，还好，就购之以归，作为此行的纪念品。匆匆地又到张先生的寓所，看到他在一个月前所购到的物件，的确生辣完整，釉色亦好。所谓吹釉的东西，自以这两件为最出色，不过比之谨老先时所藏的两件，似乎还有点此不如彼之感。时间已三点四十分了，就赶到五云门车站，乘着四点十分车回杭。城里的同学们，都没有时间去看她们，真是应了我家乡的一句"兜了一个火"的老话。可是这一天心中非常地快慰，第一，是最近所发见的九岩窑实地考察了一回，就认识了这一种窑口的出品。第二，得到一块九岩精品的碎片。第三，在于某处得到了平水附近所谓上灶地方也有窑口的一个好消息。第四，在绍兴城里见到了几件不易得着的物品。因此种种，所以虽则在一个整天里，这样东跑西赶的忙着，却是一点也不觉得累，吃了两个面包同一块杏仁酥以后，胃部并不见得不舒服，反而有点饿的倾向，或许我的胃病应该要有这样有兴趣的旅行，作为一个绝妙的治疗方法，亦未可知。僧佗在绍兴要停留一宵，我就一个人带着愉快的心情回来了。

二 （民国二十五年八月）

八月十日

有事安昌，决定先一日往绍兴，一探所谓庙下窑基。六点三十分到江边站，头次车刚开出，只能等下一班七点钟的车。

八时二十六分到绍兴，进城，先访孙君于火珠巷，约定在龙山旅社相见了同去禹陵。

九时十五分离开龙山，出稽山门。门在绍兴的东南角，很荒凉，可是四围的风景，着实不坏。在城里的沿城河，划出了一区一区的菱塘。而一角城墙，远带着一抹青山，谁说不是一幅极好的风景画！出了稽山门，就有一座歇凉亭。河里有几只晒网的渔船，对岸几户人家，几株柳树，参落的倒影，构成了一个不平凡的画面。南面呢，石板桥上，竖起一枝点灯的木杆，就立刻把这一座石桥，显得另一种风趣，而我也就会联想到山水画上，在一家门前，有一小面酒旗的飘扬，都是所谓富有诗情画意的情景。再走过去，塘河里有几条水牛，分明这又是一幅戴嵩浴牛图。四周的景物如斯，我就不怕了炎炎的烈日，会忘记了一切不愉快的心情。

自此往南，人力车在石板路上走，而此石板路，却是一条拉纤的人行道，两边都是河，就像萧山往绍兴的一条塘路相同，所以除了一辆人力车以外，所剩余的地，也就不多了。在这一种的交通情形之下，我坐在车上，确实有点担心，怕会要翻到河里去，然而绍兴人却是视若无事，那就是司空见惯的原故。

稽山到禹陵，大约七里路左右，先到禹庙，走了一转，遂由领导人去领看窑基。窑基由庙下街去，约有一里路，山坡上破碗片极多，因为最近有很多人去发掘，这是发掘后遗留的破片。

就此处所见碎片说，跟九岩窑大致相同，不过精细还不如九岩，而九岩所习见的图案花纹，此处则绝对见不到。就器皿说，似乎专烧一种洗子，瓶罐灯台一类的碎片也有，而九岩所出的天鸡壶却未见。窑具圆而扁，大小约同杭州饼，上有均釉样釉色，这是九岩所没有的。

窑基察勘以后，仍回禹庙，孙君友人某君来访，同用午餐，特备越鸡一，我则煮鸡子四枚，西瓜半个，如此生活，我觉得最舒适。某君复携来杨梅烧一碗，酒的享受，此生已属无分，回想着二十年前豪迈的兴致，放浪的生涯，似乎有点余恋。

孙君告诉我关于所谓吹釉一类东西的出土情形，他说："七八年前在旧埠山里掘到一坑，大大小小的编钟是整套的发现出来，就摆在旧埠的娄家祠堂前面出卖，很少有人顾问。后来挑到绍兴城里，笾篓里整整的一篓，约有数十只，我以其数量太多，只给了一块钱一只的价值，没有买得成。后来听说完整的，仅仅卖了三块钱。大概旧埠那里的山上，是当时窑厂的库房，否则不会有这样成套的发现，至于烧窑的地方呢，恐怕就在附近。"他说了以后，竟引起我前往旧埠探索发现地点的兴趣，并且他还说，我上次所见到的那只破钟，就是他亲自督工去挖掘出来的东西。

我们决定去了，就知照引路的人去预备轿子。路程，据说只有十五里，顺便还可以一游宋六陵，我的兴致，因此格外地浓厚起来。天气怎样热罢，都不能阻止我丝毫，孙君却有点害怕，为的是上次他同了僧佗去游阳明洞，吃到了一点苦头，今天怕又要受罪呢，我揣想他的心理，确是如此。

轿子来了，两根竹杠，挂了一块薄薄的板，这是坐身；前面穿上两条索儿，也窏下了一块板，这是踏脚；后面一根横挡，那是靠木；这样的轿，当然谈不到舒服，好得我是一个受过千辛万苦的朋友，有了代步，至少可以省你走几十里路，还有什么苛求。

十二时一刻离禹庙，绕过庙下，向东北十里，外行，由此经石旗村、裴家庙、下皋，约计二十五里左右到牌口。

一路的景物很不坏，有的是山水好看，可是一到了村落，我就起了一种不快之感。村里的儿童，一个个都在浅而混浊的池塘里洗澡；走了几家，就有十余个粪缸排列着，多的地方可以到二十以上；房屋外面的围场上，也是见不到一片清洁的土地。所以我个人觉得周围的风景是可爱的，然而这一种污秽的乡村，足够破坏了这一个美丽的环境。

到了牌口，其实离宋六陵只有里把路了，因为轿夫不认识路，又冤枉走了许多，好容易问了几个讯，才到宋孝宗的陵上。

此处遍植松树，乃是造林事务所的经营，陵上的松，格外来得高大。孝宗陵，四围有矮墙，还有几楹享堂，壁间嵌上十余块的御祭文碑记，此外一无可观。出孝宗陵不多路，就到了高宗陵，更荒凉了，没有围墙，也没有殿堂，就是在一个阴森松林里面，一堆土，一块碑而已，其他的陵，因为时间不早了，决定不去，就赶往旧埠，希望在那里得到相当的成绩。

牌口到旧埠约四五里路，时间已三点半钟。孙君在此处，人头极熟，他去看一只出土的编钟，由他招呼一人同我上山察勘，结果，在有挖掘痕迹的地方，找不到什么遗留的残片，我觉得很失望。回到村里，孙君来了，他说是可以见到痕迹的，我又鼓起勇气，重复上山，这样来回了两趟，汗出如浆，真是热到万分。

上山后，忽然发现麻布纹之碎陶片颇多，才晓得此处就出这种陶器。我今于无意中发见这样一个秘密，在我当时心里的欢悦，确非此刻笔墨所能形容。我就开始摄影了好些张，而此处附近就是发现吹釉陶器的所在地。找来一人，试掘几处，并没有什么发见，然而我是心满意足了，因为麻布纹陶器碎片之发见，是一个无意中的收获，自然一天的劳苦，得到了这样一个代价，可说不虚此行。

重复回到村里，由孙君之介绍，得到一件小品纹片完整陶器，在他们古董商人的眼光看来，并没有什么稀罕，而在我则于发见一个出土地点以后，又得到了这样一件纪念品，是很可以自慰的。孙君得一钟，柄虽断，尚不缺少，是早年出土的东西。

我们在路边休息时，村里儿童约有二三十，都是赤身裸体的立着，我就被这些肉屏风团团围住，热极了，但是由你说什么，他们也不会离开我。而我所最怕的，是看到几个拖了一寸来长的黄脓鼻涕，真要恶心起来。还有，你要是扇扇子的时候，一不留神，可以从他们那里送过来一阵汗酸臭，少不得又要给你一个恶心。有时候，他们多汗的肩膀手臂，会碰你一下，你的汗毛就会竖起来。好了，我们应该回去了，其时已五点十五分。

仍由原路回到庙下，已七时一刻，雇了一只敞板船，回到绍兴五云门头，北方闪着电，我又怕下雨。

八时四十分到梅生公司用晚饭，九时半回龙山。漓渚客人来访，晓得那里出土的东西，已经有一批装运上海了。带来几件，尽是九岩的粗货，不足供研究。在我心里始终悬悬的，是有永和九年砖，以及元康砖的圹里所出底物品，究竟是怎样一种东西，可惜是没法查考了。孙君决定明早去漓渚一看情形，我以安昌有事，只得舍之离绍，不无怅怅。

三 （民国二十五年九月）

九月六日　星期日

早起，到三廊庙江边，候渡，足足有半小时，我是急极了。渡过江去，趋车站，幸而尚有五分钟，得赶上七点一趟的慢车。

到绍兴即雇车出偏门轮船埠头，据说轮船到埠还早得很，我细细儿一计算，觉得还是雇一脚划船方便。

小船讲好大洋六角，就向漓渚出发，一路山光水影，真是目不暇给。十一时到漓渚，访问张君克斋于张春记，见到他的堂弟增道，晓得克斋住在小埠，离此约有一里来路。

漓诸镇很不小，在一家姓张的医生家里，见到几件出土的小品。箕裘、天觉来镇时，即寓此处，另有一木梢相随。

到小埠，晤见克斋，即引至及门缀芳家中，出茶点相饷，备极招待。十二时余同克斋、增道并有一地头人为导，往山里勘圹。

此地头人亦张姓，漓渚居民十之七八均张姓，外姓仅有十之一二。张某为最早发现古圹之人，所掘出之古物颇多，陆续为城里古董商人所购去，因此他对于已经发掘之圹，非常明了。离小埠不远就有一小圹，遂即上山，先后见到古圹四五处。有一处在庙后，见到麻布纹陶器之残管，疑为泄水之沟筒，仅摄一片，惜未携归研究。大圹中砖石，堆砌犹完好，花纹层叠，极为可观，断之为晋，毫无问题。此处俗名黄泥弄岗，亦称雄山脚，实即漓渚山也。最后到一圹，已为黄土所填塞，得见破盘碎片数块，陶质小瓶碎片，有"富贵"字样及花纹的残砖，我在此处，特为摄影多幅。

由此到夏岭，在一蒙馆里稍息，见到不少破碎残缺的物品。希望要看一面铜镜子，却是未能看到，因有种种关系，一概都设词推托，就是当地木梢，也不容易掮到什么。

回到小埠张家，细看地头人所取来的一面镜子，花纹虽有龙凤飞马并有人物，然而不及僧佗那一面生辣，并且裂痕甚大。僧佗那面，即由木梢某甲，携来杭州，花纹有车马人物，人们的见解以为颇近武梁祠画像，而我的看法，似乎是佛传图里的太子出游，那末不能说是汉了。可惜一张拓片，都没有得到，就没法去仔细研究。据说夏岭山里尚有一面，与此相类似，已不完整了。

增道携来陶器施釉的大壶，上口系一小瓶，四围复有四只较小的，可以分别供花，式样极奇特，此实后来五管瓶所滥觞，可惜釉色完全剥落了。半月前缀芳已为我预留一富贵长俱砖，是同出一圹，为我们今早所看到，而僧佗上次来漓渚时所得到的一件大盘，亦是这一圹里的出品，为的是我已找到了同样的碎片，可以证明。据地头人说，当时盘有三只，圹砖倒下去时，两只破碎得设法拼凑，只剩下僧佗所得到的一件。今天居然实地来考察的结果，竟充分明了这一个圹里所出的一切情形，这是我今天最重要的收获。

又据木梢说，大盘里复有所谓人面洗的物件多只，仅留其一，余都破碎了。

克斋复告诉我谢坞出土两件物品的经过情形。总之现在有了东西出土，都隐藏起来不敢明说，此后真要考查来历，更不容易。在我的意思必须要考究那一些的出土物品，是在哪一个圹里，圹的情形怎样，有无年号的圹砖，这是最要紧的一点。因为由此可以晓得这些出土物品的确实时代。现在这样一来，使得你无从究诘，这实在是太可惜了。并且我以为发掘的结果，政府不能收归保存，私人研究者又没法可以进行，徒然为一般市侩造发财的机会；再进一步说，也许因为乡下人晓得可以发财的原故，于是什么坟墓都乱掘乱挖，这种情形起来了，官厅方面，只有严行取缔的一法。

此处出土物件，以九岩窑的作品为多，有年号的砖是永康、元康、永和，如此九岩窑的时代，就不难推想而知。同时在从前以为九岩物品，断自晚唐的一种假定，今则可以确切明了而无疑为晋，这一点是何等地重大呀。

漓渚附近诸山尚未发见之圹还多，惜乎在将来会偷偷摸摸地被盗掘了，于是出来的古物，也就零零碎碎地卖到上海，流落在一班古董商市侩手里，而在考古学上有什么重要的发见及其价值就这样地被断送了，所以我还是主张严行取缔。

四时左右离开张家，缀芳的老太太还预备了些饭食，我是没有进去领受，很有点过意不去。

先在小埠附近照了几张风景片，以一只脚划船做前景，远处是漓渚市镇及漓渚山，斜阳刚刚照在船夫的一把油纸伞上，构图色调，都还可以，这是我访古漓渚的绝好的纪念照片。

下船与张家诸人作别，一路上真是"满眼看完了大自然的美。……"于是我就不禁地遐想于范大夫扁舟泛五湖的故事，自然会神往不置。其时夕阳在山，暑气全消，诵放翁"遥指一抹西村烟"之句，我又将向软红尘中过着热闹生活去了。

进城已近七时，遂宿龙山。

四 （民国二十五年十月）

十月七日

晚在僧佗处，见着萧山阿狗，他是专程来报告柯桥西河塔村，在一个太康圹里所掘得的几件古物底消息，我就决定了明早同他们去一看究竟。

十月八日

早起，驱车到三廊庙，渡江，在义渡桥上见到僧佗，他正在桥上慢慢儿一摇一摆底踱着方步；阿狗呢，在他前面数十步，提着一只破藤篮，默默地走着。我在车上招呼了他们一声，说，先到车站上去等候，他们俩依然是一个慢慢儿踱着方步，一个默默地走着，我则终是心急慌忙底向前跑，惟恐赶不上车似的，有点儿好笑。

吾们乘七点钟车，到柯桥正八时，先在车站附近茶店里泡了一壶茶，僧佗去吃面，阿狗就去雇船，只剩下我一个人。不一会儿，船已叫好，面亦吃完，于是三个人就挤进一只脚划船里，向项里出发。

经过柯山桥，七星岩是看到了。其实跟东湖的陶公洞，同样地为人工所开凿出来的风景，偏偏能够吸引着许多游客。还有那些斗方名士，此唱彼和地歌咏起来，于是所谓名胜之区，于以成立，说戳了这西洋镜，岂不是可笑得很！不过绍兴四乡的风景，实在不坏，有山，有水，山上多松柏，湖水清澈见底，一只脚划船，正是一叶扁舟，出落得潇洒自如，胜于吾乡之小快船多多。并且湖塘宽广，尘襟为之一洗，以拟嘉湖一带，虽多港汊，只能点缀一点野趣，终不能与鉴湖相媲美也。

过铜山，竹林极茂密，河塘里处处见到采菱的小船，我想柏叶红时，更多乐趣无疑。

到项里，已十时，从柯桥来，据说有十五里云。

项里说是项王曾经到过的，因此迪埠那里，也就有韩信庙，这些荒唐的故事，让诸喜欢听说那种民间传说的人们来研究罢。在项里，阿狗找来一个向导。晓得太康圹里的各件，已被人家买去了，阿狗似乎很懊丧，他先回船里去休息。我与僧佗跟了向导，去看最近出土的古物，都是习见之品。最后看到太康圹里的东西，是一只洗，里面有一只狗，昂头向上，两只耳朵有点损坏。一猪圈，约四寸高，四面有孔，中间立着一头猪。一只绞丝把柄的提篮，篮底上部有小圆孔。此外还有零星小品多件，都是属于明器一类。不过由此证明了太康时代的瓷器是这样的。本来漓渚方面的出土，晋器也很多，往往器皿与圹砖都分散了，无从证明其确实的时代，只说是晋器而已。此则"太康二年"圹砖尚在，且能指出圹地，当然是毫无疑问的了。圹地在吴塔村，离此有三里路，拟下次来时，前去摄片。

近来项里出土东西很不少，可惜都四散了。我总觉得对于地下古物的发掘与保存，是一个复杂而又最感困难的问题。文告的禁止发掘，是无补于事实的，因为大利所在，实非一纸公文书可以发生什么效力！何况山里，处处地方，他们都可以在夜间私自偷掘，有什么方法可以取缔！已经掘得的古物，固然不能明目张胆地出卖，然而偷偷摸摸带到外边来，又有什么方法可以干涉！所以我个人对于这件事情，似乎不易得到一个最适当的办法，如何可以使得这些出土的古物，不至于散失，同时可以由地方或政府机关保存起来，可以说是难之又难了。不过如其政府不能去发掘，学术机关又没法去发掘，与其这样四散了，还给一般市侩做了好买卖，那末还以严禁为是。看好了这许多物品以后，时间已近十二点，大家赶回船里，出发迪埠。

煮熟好的新鲜菱，就权当了一餐午饭。

到迪埠去的目的，是在一看出黄龙砖圹的情形，并且希望在那里，能够见到一点破碎的瓷片，来证明哪一个时代的产物，然而结果很失望。因为圹的上方有坟墓，怕会倒坍下去，所以把砖圹填塞了。并且据说圹里无古物，由此要想寻觅一点碎瓷片的期望，也就不能达到。圹在村后半山脚下，尚有遗留残砖，整块的已经难得，阿狗曾得四十方，云有数块颇精，一时不肯单独出让。

由此走到一小村去，约有两里路，见着最近出土之壶碗小盏等约有二十件，俱系粗货，而乡下人一开口就是四百块，不能分拆。现在地头上，动辄是几十几百，这是受到几面铜镜的关系。其中已有人吃着苦头，眼看最近之将来，有人赚钱，亦就有人上吊，可以断言。

回到船上，跟阿狗闲谈（僧佗在另一船）。他在黄龙圹前检得一块碎片，居然上有文字三四，可谓此行之最大收获。我则看到太康圹里所出土的古物，获益实非浅鲜。僧侂购得小品数件，仅资点缀而已。

三时到柯桥，僧侂往绍兴，阿狗回萧山，我仍当日返杭。

五　（民国二十五年十月）

十月二十日

早起渡江，僧侂已先在，并且遇见了谢君，他去雄山看地，就同坐七点钟的车往柯桥。

到了那里，先在一家茶馆楼上小坐，雇好了划船，买停当了一点东西，就下船出发，同去的是得森、双喜及甘杜。

船向西南，经过湖塘，再折入小港，计程十五里到古城。双喜找到了一位姓朱的地头人，他就可以领吾们去看王叔文夫人的古墓。双喜造了我是想来看坟地的一个假托，于是我在去的时候，路上虽是有人问起古物，竟是掉头不顾地说来看地的，想起来真是好笑。

古城附近竹林极多，不要说云栖这一点算不了什么，就连武康道上的竹径，也比不上古城那么茂密。两旁边都是竹林，中间砌一石道。我在这一段石路上，默默地走着，似乎很多感慨，然而我却不愿意以此情怀，来损害到我今天访古的兴趣。

离古城约有两里路，就到了山里。王叔文夫人的墓地面积，仿佛并不甚宽阔，墓砖散在附近。砖的质地，远不若黄龙太康那样坚结，就是从气息上说，也似乎晋砖来得古朴些。到底离汉不远，还有汉砖的一点味儿，唐砖就没有这种气息了。我在此处竟十足做出看地的样子，双喜呢，还要老太爷长老太爷短地说种种鬼话，本来拆穿了西洋镜说，还不是人骗人呢。后来我问了一点当时墓里所出土的一些古物的情形，可惜不能说出怎样的排法，因为他们当然是不注意的。

回到古城村，在一家人家里，看到几块最近出土的晋砖，可是年号已经模糊了，同时出土的有虾蟆水池一，询之没有价值，随即退出。近来虾蟆水池之出土颇多，先时我以为是唐代的物件，此刻才晓得也是晋器。原来岳珂的《桯史》里面，也提到晋征虏将军墓里所出土的一个像砚滴样底小瓶，说是背作虾蟆形，制甚古朴云。可见此种制作，实为晋代一时风尚使然，不过究作何用途，为什么晋代的圹里有此明器，似亦一值得研究之问题。

离古城到湖塘小停，预备在此午饭，先由得森介绍一家小茶店，可是门前左右各有一厕所，苍蝇还是很多，我同僧佗说，吾们还是另找一处罢，就在七尺庙前一家茶店里坐下。僧佗他们从柯桥买来的醉蟹冻肉等等很不错，饭由船上烧来一锅新米饭，热气腾腾，在这一种生活里面，确实是别有风味。我则依然面包两枚，烧了一锅新鲜菱，亦复自得其乐，兴趣极浓。

此处所谓湖塘，就是有名的鉴湖，酿酒以此处为最。市镇在湖的一岸，对岸都是山，风景真是好极了。七尺庙的来历，我从记载上看来，晓得在宋朝的时候，掘出一段七尺长的人骨，当时不敢惊动它，自然也没有一位人类学家来研究这一段七尺长的人骨，因此仍旧埋在土里，就在那里塑起一尊神像，庙祀起来，就叫做七尺庙。后来竟有人传说这是防风氏的骨，我想此刻研究民间传说的人们，不妨来考查一下。

此处湖塘长距约有十里，所以有"十里湖塘七尺庙"之说。湖塘的水，清澈可爱，一叶小舟荡漾其间，真是神仙生活。假使两傍湖岸，稍稍开拓一下，着实可以吸引一点游客。不过根本一句话，绍兴的毛厕要是没办法，那末什么优秀的风景，都要被它破坏了。所以要建筑成功一风景区域，第一件事须要拆除毛厕。

然而绍兴人之于毛厕，不啻是第二生命，有人要去拆除，势非拼命不可。其实利之所在，以合作社之方式而维持他们私有产权，也未始不可以设法改革的，就是有没有人肯出来跟绍兴的厕所奋斗，这是一个先决问题。

离湖塘又十五里往吴塔，由双喜找来一人引导，去看发现太康砖的古圹。圹已填塞，但残砖颇多，有仅存"太康"二字的，有则"梁国何尚作"字样，尚能见到。此处所出土之古物不少，惜已散失。据我所知道的就是现存项里的几件，的确从这个圹里掘出的，此外都不过是一种传说，似乎不能凭信。

一切都看过了，回到船里，已近三点。经由项里、铜山，到柯桥，僧佗诸人上岸去，我则独自一个坐船往安昌。过华舍，已上灯时间。到安昌，正七点。喜暗所中诸人，两小时枯寂的生活至此复活跃起来。饭后与同人畅谈所务，见到一个不到三个月的小小机关，充满着蓬蓬勃勃的朝气，一天的疲劳与辛苦，竟为此兴奋的情绪所克服，一点也不瞌睡，不感到丝毫的倦怠，这是欢慰到了极点的关系罢。

六 （民国二十五年十一月）

十一月一日

约定僧佗乘七点钟车往柯桥转舟山，正要出门，忽下雨，只好中止。不到半小时，雨又停了，急急赶到平海路，僧佗同馥保已去三廊庙，随往江边渡江，到车站已七点四十分，找他们不到，想已趁七时三十分的慢车去绍兴，我就搭七时五十五分的快车追上去。

及至上车之后，反而转念到他们也许仍往柯桥的罢，然而快车是直达的，只能到了绍兴再说。

过阮社，快车越慢车而前，然而看不到他们。到绍兴雇车往火珠巷见着箕裘，拟回到柯桥罢，又恐怕他们来绍兴相左，最后决定索性与箕裘先去采访漓渚附近古窑基，放着舟山的事随后再去，亦是一办法。

同箕裘出偏门，雇一小船，出发，约十五里到蒋家池塘。上岸去找地头人某甲，因帮工割稻忙，下田去了，仅能在附近看到几处挖掘过的古圹。据说窑基在蛇头山，离此尚有四五里，然非某甲不能知其所在，那就只能再约日期。

由蒋家池塘往阮港，先经过桃源村，今年各地丰收，所以农村气象极好。阮港村外有古窑庵，吾们的目的就在这"古窑"二字，因为有了古窑庵，自然古窑的窑基，当能寻到了。及至其处，庵后似有一小丘，碑记上载明嘉靖年间就蔺山古窑基建祠，因名古窑庵，是庵的地方就是古窑基了。可是吾们四处寻觅碎片，不能得，仅有残破之合钵小块，当然就可以证明窑基即在附近，而碎片却未能发见，就不能确知此处的出品，究作何式样与色泽也。

庵的对面据说曾有所谓吹釉的物品掘得，并且数量尚多。箕裘疑系烧好物品堆积之处，我以未见当时发掘情形，不能妄加臆断。细检此处，亦无遗留残片。后于农家见到残破小炉一具，即往岁灰灶头所出土之物品，如其此处古窑的产物，正是那一些的话，不是一个很重要的发见么？可惜得不到一点证明，不过我终以为古窑庵的所在定是当时的窑基，假使能在庵的附近，有所发掘，或者可以解答我这一个闷葫芦。

后由某甲的引导，坐了轿子到大岭头下面所谓窑基墩头那边去看一看情形，结果仅仅一个土堆，宛然我去年到吴兴城外访问蜀山古窑的情形一样。

其时雨又下起来了，仍回阮港过岭，往漓渚，一路上为风雨所袭，衣履尽湿。

到漓渚后，仍去张宅，晤见熟友多人，闲谈项里舟山一带出土情形，约一小时，即回船进城，已过七点。

今日一天访古，所知道的有两事：一为蛇头山有破碎片极多，想来是一个窑基；二是古窑庵的地方，确有窑基，惜乎未能发见破片，终算两件事都是有了一点线索，并不能说有收获。

到龙山，晤见僧佗馥保，僧佗在柯桥等我甚久，舟山因之未去，馥保则去了一趟项里。

七　（民国二十六年三月）

三月十四日

午前到绍兴县政府，晤见培心县长，出示赤乌圹里所发见而送县保存的古物多种。内有形若笔筒样子的两件，一般人所通称为鬼灶一件，人面洗四只，小壶及虾蟆水池一件，均完整，俗称之痰盂尊一，口部已损坏，三脚盘一，已不全。各件釉水均作黄色，多剥落。破尊上有席纹一圈，作青色，底部凹陷，这与黄龙圹里所发见的大致相同。虾蟆水池有小裂口，不过没有划花。这是孙吴时代的产物，大概跟西晋前期相一致，因为时期是相差无几的，并且在宝鼎、凤凰、天册、天纪等十余年间，已经是晋的泰始、咸宁年代了。

饭后，同箕裘出偏门，坐小船往南池。在区处里晤见了朱华北乡的乡长徐君，就决定了坐轿去木栅之锁龙桥，小船在那里等候。

南池去锁龙桥约有十里，中间经过坡塘等几个村落，古圹即在锁龙桥西峰山下，据说是在四号那天由农民挖掘黄土栽植松秧而偶然发见的。

圹深约二丈，宽约丈余，由圹口悬梯而下。圹砖有"赤乌十二年造"字样，砖的一头，并有一"华"字。邻近尚有一古圹，圹砖有"钟学官"三字，圹里有内外两部分，尚有一小圹，所有陶器，据说即在此处发见云。

余姚上林湖访古记

　　余姚上林湖，为五代越窑窑基所在，余固已向往久之矣。二十四年夏，因事赴甬，归途中仅有半日之游览时间，未暇为详细之调查，至以为怅。

　　二十四年五月十五日，本日午前在甬参加夏季卫生运动大会以后，已十一时，匆匆进午膳毕，即出发。一时到樟树站，由观海卫往西此为第三站，站南为岑家埭村，约离两里即王家埭，于此访岑君不值，随即雇一船，水路约二里到薜云亭，至此船须过堰，堰南即为上林湖。湖水清澈见底，浅处有芦苇，微风拂之，荡漾有致。黄花小草，亦随处可以见到，风景之佳，实不让杭州之西子湖也。四围山色葱翠可爱，低诵陆龟蒙"夺得千峰翠色来"之句，翘首南望，早已神驰于湖西村矣。自薜云亭南行折东几穿湖而过，询之船夫，云有十里，其实六七里似相近。在湖尽头处东西各有村，即以湖东湖西村名之。居民均业砖窑，殆为千数百年由制瓷而转变为制砖欤！是值得一讨索之问题也。

　　到湖西村后，先去访王君，亦不值，即由船家引导，往村后山麓，获见碎片甚粗劣。后由此绕至山北，转往所谓陈子山者。此处碎片甚多，有细致之花纹者，亦可于此处得之。并见特种之器托不少，其制作与龙泉所见迥异。余竟获到十余种不同之制品，且于合钵两侧，有划作行书字纹者，曰"小黄"一种。其为制作匠人之姓欤？此处现有多人挖掘，同时绍兴客人间日到此收买，因之求过于供，稍完整而可观者，索价遂昂贵异常，即破碎而有花纹之小片，亦能得到善价。如此情形，徒为一般古董商造机会耳！自然最妥善之方法，由公家或学术团体试为科学的发掘，一切物品搜集之，为上林湖越器博物馆之准备，其有私自采掘者，应绝对禁止之，惟兹事之倡导与办理至不易。上林湖将永为古董商之利薮欤？回至村中，得见王君，遂邀至其家略事叙谈，始别上林湖。斯时夕阳在山，湖平如镜，异日有暇，愿作十日勾留，庶不负此湖山也。回樟树庙站已五时余，决宿余姚县城。翌日回杭。

著者出版书目 [①]

《大风集》（珂罗版印著者摄影集）　　　　　　　　自印

《西行日记》（著者游敦煌千佛洞之日记）　　　　　朴社出版

《民十三之故宫》（民国十三年溥仪出宫后
　　　著者之摄影集）　　　　　　　　　　　　　开明出版

《西陲壁画集》（敦煌及千佛洞著者摄影集）　　　良友出版

《闽南游记》（著者游泉、漳各地之考古日记）　　开明出版

《青瓷之调查及研究》（著者研究龙泉陶瓷之
　　　报告）　　　　　　　　　　　　　　　　　自印

《越器图录》（著者搜集越器碎片之图案画集）　　中华书局

《瓷器与浙江》（著者关于调查研究浙瓷之文章）自印

《川湘道上》（著者民国三十二年之旅行
　　　川湘日记）　　　　　　　　　　　　　　商务出版

《云冈图录》（为著者云冈石窟寺摄影及拓片之结集，商务
　　　印书馆正在制版付印不幸毁于一二八之役）

中国青瓷史略

什么是青瓷？

　　瓷器是中国伟大的发明之一。它发展中的一个重要阶段，就是烧成器物的胎质，从不具透明性而达到了半透明性。这是经过了无数劳动人民的智慧和长时期的辛勤操作才获得的。但是，只是烧成一个素面的作品，在器物的表面上只呈现白色的光泽，是不能满足人民群众的要求的，还必须呈现其他颜色的光泽，于是又发明了色釉，首先发明的就是青釉。

　　釉是一种矽酸盐，施釉在素地（即成形之胎）上，经过火烧，就成了有釉的光亮面，便于洗拭，不致被尘土或腥秽所染污。在釉药里，要是加上了某种氧化金属，经过火烧以后，就会显现出某种固有的色泽，这就是色釉。例如加了氧化铁的色釉，在氧化火里烧成黄色，经过还原火就成为青色，这就是青釉。

　　烧制青釉器，釉药里必须含有一定分量的氧化铁，必须经过还原火。究竟铁的含量需要多少才最恰当？怎样可以掌握还原火？这两种最重要的技术，决不是侥幸获得的，所以青釉器的烧成，是中国瓷器史上一个很大的成就。

　　由于青釉器的烧成，接着又用氧化铜加入釉药，制成了红色釉；同时，又发明了彩绘，并从釉下彩发展到釉上彩，以至应用其他氧化金属，制成多种多样的色釉，配合烧制。就这样，中国的瓷器在世界上放出了灿烂的光芒，对于世界文化作出了巨大的贡献。

由此可见，青釉器的烧成，对于中国瓷器的发展有极重要的历史意义。至于它在最早时期酝酿、孕育，以至生长、成熟，究竟经过怎样？它在这广大土地上生根结果、滋生蔓延，以及相互间的影响怎样？以往的《陶说》《陶录》不足以说明此类问题，因此搜集最近二三十年来出土的文物、发现的窑址、研究的初步成果，并参考多种文献，扼要的作一个综合性的叙述。至于此后出土文物以及古代窑址的继续发现，定能丰富中国青瓷的研究材料，使得中国的青瓷发展史更能充实正确，那是无可置疑的。

青瓷烧造的开始及其发展

一　青釉器物在浙江开始烧造

烧制青釉器物的开始年代，到今天虽不能有一个确切的答案，但是就现有发现的可信材料说，远在战国时期已经有了烧成火度相当高而全面被以淡淡黄绿色的、薄薄的、带有透明性釉药的半瓷质器物。此种器物的造形，有镈以及编钟，等等，都是仿照铜器式样烧制的墓葬物。出土的地点在浙江绍兴乡间旧埠。约莫在抗战前十年间，出土的物品着实不少（见著者《瓷器与浙江》一书中《山阴道上访古日记》二）。

其次，早在一九二三年的时候，北京历史博物馆发掘河南信阳的汉冢，有永元十一年（公元九九年）的墓砖，出土品中有器地带淡灰色、表面现透明性淡绿色的半瓷质器物，计大小四耳壶、洗、碗、杯等共六件（见《历史博物馆丛刊》第一年第二册《信阳汉冢发掘记》）。一九三五年，在杭州宝俶塔后山，工人取土填路时，发现有"永康二年曹氏造作"的墓砖，同时出土了一件有飞鸟的楼阁器物，通体有釉，作浅浅的淡绿色，还微微带一点黄，釉薄而透明，粘着甚固而不剥落，胎坚致，叩之作声甚清越。这是东汉时代的原始青瓷（著者旧藏器，现藏故宫博物院，陈列于历代艺术综合陈列室）。后于永康时期不久，又有"中平六年五月十二日尚方作陶容一升八两"的一件仿铜器的匜，也是全面有釉药的（见日人小山富士夫《中国青磁史稿》第二图）。

一九三五年以后，在浙江绍兴又发现了不少墓葬，墓砖上有黄龙、赤乌、永安、甘露、宝鼎、凤凰、天册、天纪等三国孙吴时代的年号。同时出土的青釉器物也很多，其中最主要的一件，是通体青釉的谷仓（墓葬物之一种），高达四十七公分，器身贴着许多人物、飞鸟、楼阁等雕刻品，每间仓屋的门口及瓶口都有犬守卫，还有刻划的鱼龙，至于器肩部的人像，各执不同的乐器，仓的一侧竖立了一块碑（碑文见下图）。

永安三年时
富且洋宜公　卿多子孙寿　命长千意　万岁未见央

永安三年是公元二六〇年，永安为吴主休的年号。从这一块小小碑记上的记载可以肯定这件器物的确实时代。这件器物全身青釉的釉色已显现较深的绿色，施釉亦厚，离开了早期釉薄而作淡绿带黄色的阶段，证明在烧制的技巧上铁的还原已向前迈进了一大步，在中国陶瓷发展史上已走到一个极重要的历史时期（见著者《瓷器与浙江》一书中《吴晋时代的浙江陶瓷》）。

一九五四年又于南京光华门外赵士冈墓葬内发现三国时代孙吴越窑的"虎子"，通体淡青色釉。器物椭圆形，两端略平，腰部微敛，提梁是立体虎形，腹部有四足。器腹的一侧，在釉下刻划纪年铭文，"赤乌十四年会稽上虞□□宜作"（赤乌是孙权的年号，赤乌十四年即公元二五一年），另一侧刻划有"制宜"二字。这是一件比永安三年青釉谷仓还要早九年的越器（见《文物参考资料》一九五五年第八期《南京附近六朝墓葬出土文物》图二）。

　　自从司马氏统一了南北以后，由于三国孙吴时代的青釉器物已经有了重要的成就，所以在两晋及南朝的时期里（公元二八〇至五八九年），青釉器物有大量的生产。这从有确属年代可证的墓葬里（这种墓葬的墓砖上，有两晋和南朝的年号，有两晋年号的如太康、元康、永康、建兴、太兴、咸和、咸康、建元、永和、升平、太和、宁康、太元等，有南朝年号的如元嘉、天监、大同等）所发现的大批明器，可以得到证实，并可以充分明了这一期青釉器物向前发展的迹象。由于南朝时期青釉器物的大量生产，这就为后来隋唐两个时期青釉器物的向前突飞猛进打下了基础。

　　此种青釉器物的种类极多，有谷仓或粮食坛，上部似有盖（粘住不能取下），凸雕的人物、鸟兽、亭台等形式不一，有较简单的，有极复杂的，器的腹部亦多贴附人物、鸟兽之形，凸雕件肩部附有碑记的最少。有细颈盘口大腹壶，这种壶有双耳、四耳或六耳之别，还有装饰着兽环的像铜器样的罍，亦有两耳或四耳之别，最大的腹部直径可达尺余。洗的种类极繁，大小不一，口部边缘下往往有粗细线交织着的细花纹，也有三面浮雕兽环的。灯的样式有作人形或熊形的直柱，有的圆盘之下有三熊足。还有普通所称的天鸡壶，壶嘴作鸡形；壶柄颇高，有作龙头的；盘口、肩部有方形或半环形的双耳，口部及鸡冠等处往往有褐色斑点。天鸡壶有两个头的，也有不作鸡形而为羊头的，但却很少见。此外有九格盘、羽觞（俗称人面洗）、砚盘、水丞（蛙形的，俗称虾蟆水盂；另有虾蟆壶，比较少见）、鬼灶（因系殉葬物，故名）、猪栏、鸡圈、兽盘（盘中卧兽，如虎、豹之类）、多孔罐（有两耳，不悉其用途）等等，造形方面可以说是非常复杂。此外还有一种制成兽类（辟邪）的，形状如南朝宋、齐、梁、陈陵墓上的石兽（见朱偰：《建康兰陵六朝陵墓图考》里的插图），一九五四年冬在广州市西北郊桂花冈清理墓葬时发现此种辟邪是在一块端石砚的一侧，另一侧是一段已经腐坏了的墨，因而怀疑它也是作水注用的（参考《考古通讯》一九五五年第五期《广州西北郊晋墓清理简报》，并见出土陶器第七）。辟邪以外还有陶羊，形态不一，但是羊身上有小管可作水注用的却非常少（此器发现于西晋太康墓中，有太康五年七月及梁圆何当作砖等墓砖）。最特别的是一个胡人戴着折边高帽，骑在麒麟兽上，人身及兽身上均有珍珠一样的小圆圈的刻划花纹，这是一件仅见的"骑兽人"明器（现藏故宫博物院）。因此这一时期的青釉器，不只是青釉的烧造有了相当高度的发展，而明器的造形上，有如此多种多样的制作，也是极重要的历史材料。

除一般明器以外，有满身施以褐色斑点的盘口壶，此种制作，为以后宋代龙泉窑所模仿，成为青釉器上一种极重要的装饰。还有施釉的佛造像，其造型颇似后来北朝时代云冈及龙门的石雕，最为少见。

此种青釉器的烧造地点已经肯定下来的，有绍兴的九岩窑（见著者：《瓷器与浙江》一书中《山阴道上访古日记》一及日人松村雄藏的《越州古窑址探查记》，刊入《陶磁》八卷五号）、王家溇窑（见著者：《山阴道上访古日记》一）、禹王庙前窑（见著者：《山阴道上访古日记》二）、古窑庵窑（见著者：《山阴道上访古日记》六）、萧山的上董窑（见《文物参考资料》一九五五年第三期党华《浙江萧山县上董越窑窑址发现记》及第八期著者：《最近调查古代窑址所见》）、湖州的摇铃山窑（见著者：《瓷器与浙江》一书中《追记吴兴、金华、永嘉三处所发见之古代窑基》）、永嘉的西山窑等。而当时大量烧造的地点是绍兴、萧山，其次是永嘉。关于传说中的富阳窑，遗址尚未发现，而一九三五年、一九三六年间在富阳附近出土的物品，一时颇多。它的式样有有盖圆盒及炉洗之类，器的内部及底部独多旋纹，平底，釉色的青极薄，以微微一点青而带黄色的为多。它的时期可能是在西汉，这是很少人注意到的在浙江所烧造的极早期的青釉器之一。

二 唐代越器的盛行以及其他地区的青釉器

李唐一代的工艺美术有它伟大的成就，即以陶瓷说，它是继承魏晋南北朝的制作技巧向前发展的。当时有所谓邢、越二窑，它的产品曾风靡全国。邢窑的白釉器，此处不予讨论，现在谈越窑的青釉器。

首先，我把唐代文人对于越器的歌咏文字简略地列表如次：

人　名	提到越器的词句	大概时期
顾　况	越泥似玉之瓯（《茶赋》）	肃宗至德进士，约在公元七五七年前后
陆　羽	《茶经》中提到越器	肃宗上元间，约在公元七六一年前后
孟　郊	越瓯荷叶空	德宗贞元进士，约在公元七八五年前后
施肩吾	越碗初盛蜀茗新	宪宗元和进士，约在公元八〇六年前后
许　浑	越瓯秋水澄	文宗太和进士，约在公元八二七年前后
皮日休	邢客与越人皆能造瓷器	懿宗咸通间，约在公元八六一年前后
郑　谷	茶新换越瓯	僖宗光启进士，约在公元八八六年前后
徐　寅	有《贡余秘色茶盏》诗	昭宗乾宁进士至五代初，约在公元八九四年前后
韩　偓	越瓯犀液发茶香	昭宗龙纪进士至五代初，约在公元八九四年前后
陆龟蒙	九秋风露越窑开，夺得千峰翠色来	昭宗光化间，约在公元八九九年前后

唐代文人歌咏越器的文字很多，这是与当时盛行的喝茶风气分不开的。最明显的要推竟陵人陆羽所著《茶经》里一些话。他对于邢、越二窑的评价很详细，他说：

碗，越州上，鼎州次，婺州次，岳州次，寿州、洪州次。或者以邢州处越州上，殊为不然。邢瓷类银，越瓷类玉，邢不如越一也。若邢瓷类雪，则越瓷类冰，邢不如越二也。邢瓷白而茶色丹，越瓷青而茶色绿，邢不如越三也。……越州瓷、岳州瓷皆青，青则益茶，茶作白红之色。邢州瓷白，茶色红；寿州瓷黄，茶色紫；洪州瓷褐，茶色黑，悉不宜茶。

从这里的记载看来，越器之被重视是在中唐以后，但是根据《开元天宝遗事》（王仁裕著）里说："内库有青瓷酒杯，纹如乱丝，其薄如纸，以酒注之，温温然有气相次如沸汤，名自暖杯。"那末在唐玄宗的开元天宝时候（公元七一三至七五五年）宫中已用青瓷，不过没有明白说出是越器。及至晚唐，徐寅在《贡余秘色茶盏》诗中很明白的说是秘色器（官窑所烧造进贡的越器）了。

越器除了用以注酒喝茶以外，还有用以调音的，如段安节《乐府杂录》上所说的唐大中初有调音律官郭道源"善击瓯，率以邢瓯、越瓯共十二只，旋加减水于其中，以箸击之，其音妙于方响"。可见当时越器的胎极坚而较薄，因此叩之发音才能清越。但是自中唐以迄晚唐最盛行的越器，究竟是怎样一个面目，不只是没有传世收藏的实物可证，就是求之自宋以至清代的著作中，亦找不到越器实物的记载，因而有"李唐越器人间无"之叹。最近二三十年来，由于几次重要器物的出土，才证明了唐代越器的制作。

一、第一个发现是有唐长庆三年（公元八二三年）年号的一块墓志铭，一九三四年出土于浙江慈溪县鹤鸣场附近的山中（距离余姚上林湖约十里）。原件全面作淡橄榄色青釉，略带灰色而有气泡。铭文在釉下，刻阴文，首行是"唐故彭城钱府君姚夫人墓志并序"，文中叙述姚夫人死于长庆二年，六年八月葬于上林东皋山之岗。这块墓志虽施青釉，但较粗劣。

二、第二个发现是一九三六年在绍兴古城发现了一个唐户部侍郎北海王府君夫人的墓，墓中有一块墓志砖，砖上有唐元和五年（公元八一〇年）年号。墓中出土的青釉器有短嘴长柄壶两件；盘二，一素，一有花纹；圆盒小水丞，撇口花插（疑是唾壶之一种）各一（著者旧藏器，现均藏于故宫博物院）。著者在《唐代越器专集引言》（见《瓷器与浙江》）里曾说：

壶的式样，在古朴拙素里面，显出一种玲珑而优秀的作风，就是小小的一个嘴，也要制成多角的形式，有此装点，壶的全部就显见得不平凡了。弯柄固然也是唐代瓷器独创的风格，然而不觉着粗笨，反而细劲得有力量。盘的花纹已由简单的图案而渐趋于繁复，这真是过渡到绚烂时代——五代——的一个重要的前期。盘口上起一点凹点，以及盘的背面有几条陷痕，这分明代表着唐代的一种风尚。水池虽则是小品，而四角起四条凸起的脚，式样新颖。花插由铜器嬗变下来，撇口的制作，极优美而不涉于纤巧。再说到釉的话，"晶莹润澈"四字，可以概括之。薄的地方，已经坚结黏着，不易剥蚀。吾们看到永康、太康圹里的实物，同时看看五代时候精美的作品，就晓得在这时期形成了一架桥梁的过渡产物，那就是现在元和圹里所见到的物品。惟其有了元和五年的这一块砖，才证实了这一个形成一架桥梁的过渡产物底庐山真面目。

三、一九三七年在上海市场上发现一个残壶，上有"会昌七年改为大中元年三月十四日清明故记之耳"三行文字，是在釉里的，并有划花。同时在杭州发现一个小碗，碗心划花跟瓷片完全是一个作风，可以确定为同一时期的制作。所划花纹虽极简单，可是开辟了以后五代越器繁复花纹的途径。

由于以上这些材料的发现，才肯定了李唐一代越器的釉色、花纹及其造型等情形，因而可以判断尚在人间而以往未能鉴别的好些器物。此种可以代表唐代釉色、花纹及其造型的越器本身，就陶瓷发展史讲，确已到了成熟时期；也就是说，从这样一个基础上，才能达到宋代青釉器的完成阶段。所以这一形成桥梁的过渡产物，是极其重要的。

唐代越器，除了为民间一般需要烧造外，曾经置官监窑，烧造一种为统治者所应用（所谓进御）的物品，这是最早的御窑厂。而此种御窑厂所出产的物品，就不单称越窑，另外给它一个名称叫做秘色，或是秘色越器。当时越器不只生产的量多，而且成品精美，胜过当时各处所烧制的作品。

因为它的生产量多，此种青瓷器除了供给国内需要以外，还随着中外交通的发展，向东传播到日本，往南经海路远达埃及，现在海外发现此种器物的碎片有以下几处。

一、埃及京城开罗南郊福斯塔特（Fostat）城遗址

福斯塔特城在公元九世纪的时候，非常繁盛，到十三世纪

初叶，成为废墟。三十年前有好些人在这废墟上发掘，得到很多碎瓷片，其中就有越器的碎片。此种越器在公元九世纪，即在晚唐时候到埃及，正是该城繁盛的时期。当时我国海外交通极为频繁，广东是对外输出的重要港口，用我国出产的瓷器等物，从广东出口，换来海外的香药珍宝。交通路线是从广东出发，到了波斯湾，再由那里转往埃及。越器自然也经过这样一条交通线而到了埃及。

二、波斯沙麻拉（Samarra）遗址

一九一〇年及一九一三年间，曾在这里发掘两次，发现了越器的碎片。该地于公元八三八年（唐文宗开成三年）建成都市，仅仅数十年，就于公元八八三年（唐僖宗中和三年）成为废墟。越器曾在当时到过波斯各地方，自然也到过沙麻拉，沙麻拉遗址中所发现的碎片，据多数研究者报告，是与余姚上林湖所发现的完全相同。

三、印度勃拉·米纳巴（Broh minabad）遗址

传说在七世纪时（隋及初唐）勃拉·米纳巴是一大都市，公元一〇二〇年时（宋真宗天禧四年）由于地震而成废墟。十九世纪中有人发掘过，得到陶瓷片很多。后经英国哈布森氏鉴定，属于我国的陶瓷片有四片，其中就有一片是越器的青釉，并且是唐代的式样。另外两片是邢窑的白釉，一片是宋代的酱黄釉。如能把许多碎片加以详细分析，青釉恐怕不止这一点呢（见《文物参考资料》一九五三年第九期，著者:《邢越二窑及定窑》）。

此外在日本法隆寺以及其他地方先后发现的青釉器而被鉴定为唐代越器的有相当数量，此处不再赘述。

唐代所烧的青釉器，除了越器以外，还有哪些呢？根据陆羽《茶经》所列举的有鼎州、婺州、岳州、寿州、洪州各地。最近岳州窑遗址被发现了（见《文物参考资料》一九五三年第九期，湖南省文物管理委员会：《岳州窑遗址调查报告》），该遗址是在邻近岳阳的湘阴县十五区所属的铁罐嘴窑头山一带。它的碎片，跟长沙市郊黄泥坑清理的有唐文宗太和六年王清墓志铭的墓葬中半瓷质器物完全相同，而与近二十年来经常在长沙唐墓中所发现的带黄带青（俗称蟹壳青）的器物一致。它的造形极多，就是壶罐盘碗之类亦属大小不一，但是它的釉色及制作都远不及越器，所以陆羽把它排在第四位。

　　鼎州的窑址究竟在哪里，还没有人发现。同时鼎州出产的器物是怎样的，今天也还没有人能肯定，所以只好存疑待考。当时的婺州所属就是后来金华附近各县，在抗战前后曾于永康县乡间及金华拆城墙时，发现满身印有钱纹的大坛，殆为早期婺州窑所出产。后在浙赣铁路离古方车站（金华之西）约八里地方，找到了窑址，有青釉的碎片，胎厚而制作颇粗，是唐代作品（见著者《瓷器与浙江》一书中《追记吴兴金华永嘉三处所发现之古代窑基》），是否就是《茶经》上提到的婺州窑所出产，还不能完全肯定。寿州窑也未发现窑址，至于洪州窑，有人说唐代的窑址是在南昌南郊外，但也不能证实。

　　除了《茶经》所提及的各处以外，经过最近几年来调查，证明唐代烧造青釉器的地点是：

一、江西景德镇

　　离镇约二十里，在湘湖与湖田间地名石虎湾的公路上，发现唐代烧造的青釉器碎片极多。胎土灰色，胎骨一般较厚，薄的较少，盘底有釉，色泽极似长沙出土的东西。青釉带黄，青的程度已接近越窑的艾色（即橄榄色）。施釉薄，有极细纹片。浅碗外面有凹痕，一切制作显然是唐代的风格（见《文物参考资料》一九五三年第九期，著者:《景德镇几个古代窑址的调查》）。后（一九五四年秋）于湖田镇南入山约两三里处，地名胜梅亭（俗称杨梅岭）的山坡，又发现当年烧造时成叠破碎的窑底货，都是青釉器，色釉跟石虎湾的相仿佛（参考《文物参考资料》一九五五年第八期，著者:《最近调查古代窑址所见》）。由于前后在两处地方发现唐代的青釉器碎片，证实了当年的景德镇也是烧造青釉器的。

二、江西永和镇

永和镇属江西吉安县，就是向来被人称为宋代重要窑场之一的吉州窑所在地。以往文献如唐氏《肆考》《景德镇陶录》等书说吉州窑所烧的体厚质重，作米色或粉青色，有碎纹，因此称为碎器窑，亦称假哥窑。

往年有人曾经发现过刻划飞凤的碎片一块，釉色较越窑为淡，毫无疑问，这是唐代的作品，因此断定吉州窑开始烧造的时期是在唐代。著者最近去调查时，在离永和镇北不远赣江河滩上发现素地青釉碎片不少，青色颇深，毛边，跟仿定（仿造定器）的烧法相同。

此外在广东方面所烧造的青釉器，最近一二年来也发现有好几处，将在别一节内叙述。

三 五代钱氏的越窑

甲

五代的吴越，从钱镠至钱俶短短的八十多年中（公元八九三至九八七年）经历了五代纷乱的局面。钱氏割据一方，表面上还是很恭顺的奉着逐鹿中原者们的正朔，因而常有贡物送去。从许多文献的记载看来，在钱氏几代的贡物里，有许多是在钱氏统治下的越州窑烧造出来的越器。钱氏利用了唐代烧造技术已经成熟的御窑厂，烧造进贡物品，进贡物品中很多镶着金银边，而进贡的数量一次可以达到十四万件，真是惊人的数字！

对于钱氏的贡瓷情形，现举例如下：

1. 宝大元年……王遣使……贡唐方物……秘色瓷器……（《十国春秋》卷七十七·吴越一·武肃王世家上）。

2. 清泰二年……王贡唐……金棱秘色瓷器二百事（《十国春秋》卷七十九·吴越三·文穆王世家）。

3. 天福七年十一月，王遣使贡晋……秘色瓷器……（《十国春秋》卷八十·吴越四·忠献王世家）。

4. 开宝二年秋八月……王贡秘色瓷器于宋（《十国春秋》卷八十二·吴越六·忠懿王世家下）。

5. 开宝六年二月十二日……钱惟濬进……金棱秘色瓷器百五十事（《宋会要》）。

6. 开宝九年六月四日，明州节度使惟治进……瓷器万一千事（《宋会要》）。

7. 太平兴国三年三月，来朝，俶进……越器五万事……金钿越器百五十事（《宋史》卷四百八十·列传·世家二·吴越钱氏）。

8. 太平兴国三年四月二日，俶进⋯⋯瓷器五万事⋯⋯金钿瓷器百五十事（《宋会要》）。

9. 太平兴国七年秋八月二十三日⋯⋯王遣世子惟濬贡上⋯⋯金银陶器五百事（《吴越备史·补遗》）。

10. 太平兴国⋯⋯八年⋯⋯秋八月，王遣世子惟濬贡宋帝⋯⋯金银陶器五百事（《十国春秋》卷八十二·吴越六·忠懿王世家下）。

11.（年代不明）忠懿王入贡⋯⋯金银饰陶器一十四万事（《宋两朝供奉录》）。

12.（年代不明）惟治私献金钿瓷器万事（《十国春秋》卷八十三·吴越七·钱惟治传）。

由于需要如此的大量贡物，就需要大量的生产。从我们最近发现余姚上林湖许许多多的碎片看来，可以想见当年上林湖周围瓷窑之多，这些瓷窑完全是为供应钱氏的巨额需要而设的。

同时，此种越器，钱氏是禁止人民使用的。在钱俶的时候，他每次遣使进贡之前，必须先把贡物一一罗列于庭，焚香再拜，表示他的恭谨。他是这样来博得主人的欢心，希望延长他的小朝廷的命运，因而禁止人民使用此种越器。这也就是表示此种器物非常尊贵，只有他的主子才能应用。

当时的越器，由于我们祖先在唐代烧制陶瓷的技术基础上发挥了无穷尽的智慧，因而它的色釉、纹样种种方面都有巨大的进展。

就色釉说，从以往青中微微闪黄的一种不成熟的还原色调，进步到了一泓清漪的春水般的湖绿色，色泽很薄而非常匀净，比之晋唐时期的青釉有极大的进步，为后来宋代的青瓷打下了基础。

其次就器物上的纹样说，唐代的纹样草率而简单，而五代时期越器的纹样却有多种多样，著者曾在《越器图录》序言里说过：

……图案花纹之复杂，就中国瓷器发达史上说，我可以断定是一种空前的制作。你看，有了相对的蝴蝶、鹦鹉、凤凰，就有花间舒翼的小鸟、云中飞翔的白鹤。有了从写实的经验所得到的可以画着委婉的泥鳅，或是一幅鱼乐图来点缀一只小碗，就有凭借想象来一条在海水里翻腾着的神龙，布满了一件盘洗。有的是在四周围以荷叶，荷花四朵，含苞欲放，中有一翠鸟，作飞鸣势，确是绝妙一幅装饰图案画。有的是秋葵海棠，刻划各尽其致。有的是蝶恋花的小品，虽则是寥寥的一点玩意儿，都会使你沉醉于一种诗情画意的境界，因此对于如此简单的图案，就能立刻感到十二分的满足。有的在盘底里面画着江涛汹涌，象征着一个钱塘江的天堑，是何等的雄伟阔大！有的是在一个小小的盒盖上画满了牡丹花，一方面充分显露出一个富丽堂皇的图案，以这样圆熟的技巧，来完成这个使命；而另一方面也就反映出吾们祖先是具有这样伟大的胸襟，深厚的魄力，造就成功一种雍容华贵的作品。此外，破碎的瓶碗上，可以见到写意的人物画。本来吾人对于古代的绘画，所谓顾恺之、吴道子等等仅能凭着一点文字的记载来想象，来揣测，来悬拟，而最可靠的凭据，还是从敦煌千佛洞以及新疆所出土的壁画并绢画发见以后，才能确实证明一个真的面目。现在越器上所给予吾们的，虽则是几片残余的画面，已经足够拿来证实了有唐末叶五代以迄北宋初期这一个时代里的作风。……

越器上的纹样实在是异常丰富多彩的，要是能在上林湖方面出土越器及碎片中尽量搜集的话，真可以编辑一本材料丰富的图案画集。

最后还可以说说越器的造形以及它的装饰方面的制作，例如鸽形的有盖盒，就是一件最为特出的作品。还有在盖上浮雕的狮与凤，镂空的花与草，以及画着人物的一个局部，这就是瓷器上最早时期的雕瓷、镂空、开光的手法。

以上这些都是五代越器的卓越成就。

在多次贡物中还有所谓秘色器的。秘色瓷产生于唐代，上面已经谈到过，钱氏利用唐代已经烧造过此种秘色瓷器的窑厂，来烧造用以贡唐、贡晋、贡宋的瓷器，所以因袭秘色这一旧名称。钱氏烧造秘色瓷时，由于在制作技巧方面已经积累了相当丰富的经验。因此这种秘色瓷比之一般的越器要来得格外清亮。也可以说，秘色名称虽不始于钱氏，而钱氏烧造的，其精美却有过之（见著者《瓷器与浙江》一书中《越窑与秘色瓷》）。

除了此种用以朝贡不准人民应用的越器以外，就现在上林湖所见到的碎片说，有好些地区的作品比较粗糙，色釉有暗的，有淡的，有纹样的器皿也相当简单。可是从这些遗物本身来看，却显得朴素而大方，这是当时一般人民所应用的东西（参考《余姚县志》《宋两朝供奉录》及《文物参考资料》一九五五年第八期，著者:《最近调查古代窑址所见》）。

乙

在五代时期，还有一种关于柴窑的说法，这在明代的记载里是常见的，据说当时有人问周世宗对于瓷器色釉的要求，周世宗说他所需要的是"雨过天青云破处，这般颜色作将来"。这是一种很美丽的色釉，"雨过天青"四个字，可以代表一种青釉的特点。

柴窑作品，除了美丽的色釉以外，还有它的特殊的地方，那就是明代记载里所谓"青如天，明如镜，薄如纸，声如磬"了。"青如天"是说它的色釉；"明如镜"是说色釉的光亮；"薄如纸"是说胎骨薄到像纸一般的程度（仿佛后来瓷器上所说的脱胎或半脱胎）；"声如磬"是说胎骨坚实细密，叩之能发声如磬。柴窑的作品，要是真能具备这些特点，该是一种很理想的作品了。可惜到今天还没有发现它的实物。

它的烧造地点，一般书上都说在河南郑州，可是到今天还没有发现烧窑的遗址。碎片呢，在明代的记载里，又说成"柴窑片瓦值千金"那样的名贵。因此柴窑的作品究竟是怎样的，成了一个尚未能解决的谜。

关于柴窑名称的由来，因为周世宗姓柴，又因为这窑是烧制"雨过天青"器的御窑，所以称为柴窑。这个说法，就有人表示怀疑，并不是说统治阶级的姓可贵，不允许以此姓名窑，而是说在实际上这是一种史无前例的杜撰。而且周世宗在位的年代仅有五年（公元九五四至九五九年），这五年正是群雄割据、逐鹿中原的混乱时期，在郑州创建御窑是大成问题的。

另外一种关于柴窑的看法，是《余姚县志》转引《谈荟》里的话，说是"吴越时的越窑愈精，谓之秘色，亦即所谓柴窑，或云柴世宗时始进御"云云，这是一种值得注意的说法。本来吴越钱氏之于柴周，也有过朝贡的关系。《十国春秋》里曾记载钱俶于显德五年四月七日以及八月十一日两次贡周，例以钱氏贡唐、贡晋都有秘色瓷器在内，自然在这两次贡周的物品里面，也定有秘色瓷器。在那时候，周世宗很可能命钱氏烧造雨过天青的颜色。同时我们知道在唐代的造瓷，很显然有青瓷与白瓷两种，邢瓷之白，虽为天下无贵贱通行之物（见李肇《国史补》），而越瓷自唐而五代，可以说是更盛极一时的，越窑曾烧造过进贡李唐的秘色瓷器，也烧造过钱氏沿袭唐制而进贡于唐于晋的秘色瓷器，那末所谓柴窑的"雨过天青"，是在钱氏称霸东南时，在越州所烧造的一种看法，显然是很可能的。

总之，所谓"青如天、明如镜、薄如纸、声如磬"的柴窑作品，其实物真相如何，烧造地点究在何处，尚须作进一步的研究。至于图籍上有时所称道的几件柴窑的作品，都是不足为据的（见著者：《瓷器与浙江》一书中《越窑与秘色瓷》）。

丙

五代钱氏最后一批贡宋的物品，是在宋太宗太平兴国三年（公元九七八年），也就是钱氏降宋的那一年。现在上林湖越窑遗址可以找到有"太平戊寅"四字划款的越窑的碎片，就是这一年烧造的物品。上林湖的窑，原来是钱氏所烧以贡北方统治者应用的，自从钱俶降宋以后，上林湖还曾继续烧造过统治者所用的物品。在宋周密《志雅堂杂钞》里有这样的记载："太平兴国七年岁次壬午六月望日，殿前承旨监越州瓷器赵仁济"，而《宋会要·食货》第六诸郡进贡条下也有"熙宁元年十二月尚书户部上诸道贡物……越州……秘色瓷器五十事"等记载。可见宋代自太平兴国七年（公元九八二年）至熙宁元年（公元一〇六八年）的近百年间还是继续烧造统治者所用的物品的。其次在越器的碎片里发现过一件划有淳化年款的残碗，因此《余姚县志》里提到"宋时置官监窑焉"（根据《嘉靖志》）一句话是可信的。不过该志最后说到"寻废"二字，究竟废在什么时候，就现在窑址所发现的碎片来看，为时还是很早的，一定在熙宁以后。瓷器停烧了，就烧些沙罐瓦尊之类。上林湖一带，在千余年前曾经盛极一时，是一个为中国青瓷奠定基础的重要的窑地，到今天"千峰翠色"依然，只有几处零落的砖瓦窑以及唐宋时代遗留下来的一大堆一大堆的碎片而已。

四　南方的龙泉窑

甲

龙泉青瓷闻名于世界，它在中国陶瓷史上的地位，是很重要的。龙泉在浙江的西南隅，以往龙泉的交通，全靠一条瓯江。由龙泉往下游去，经过丽水、青田，就到温州。上水因为滩多，船行时间较长，说不定就要个把月。现在交通方便了，从金华去有公路，经过永康、缙云、丽水、云和，一天就可到达龙泉。

龙泉往西是与福建的浦城相接，西南又与福建的松溪紧邻，南有庆元，为浙江省最西南的一个县份。在这样一个偏僻的山乡里，却有烧造了全国极负盛名的青瓷窑场；同时在极早时代，它的出品，就大量的运到外国去了。

可是在我国的文献里面系统记载龙泉窑情况的很不够，如《处州府志》《龙泉县志》《遵生八笺》《陶说》《陶录》等书记载的都是一些陈陈相因的说法，只有《菽园杂记》（著者陆容，江苏太仓人，成化三年进士）所谈的要算最难能可贵了（以后还要引到）。

由于以往记载的忽略，所以对于龙泉窑开始烧造瓷器的时代一向是很模糊的。最近二三十年来经过人们多次的实地调查，并从各种图录所编印出来的实物照片研究，对于龙泉窑的历史比以前清楚了许多。即如数十年来在龙泉墓葬中所常常发现的多嘴壶，又称五孔壶，壶身上有素地的，有作荷叶瓣形的，亦有作几层叠置的造形的。刻划花纹的壶盖上，有作绳形的环，以便提揭；有的站立着一只飞鸟，其他式样亦颇多。亦有并无多嘴的盖壶，往往颈部稍长，腹部较宽，器身上有花纹，都是平底。此种多孔壶的器身，就是在两晋及南朝时期墓葬中发现的所谓五壶坛，那是在一个坛形器物的上部有五个小樽，中间的稍稍突出，其余的四个环置在四面。龙泉的多孔壶，就从此种制作转变出来。比较少见的就是俗称的龙虎瓶，其实还应称做壶，那是成对的器物，在一个壶的颈部有一条龙，在另一个壶上有一只虎，因此叫做龙虎瓶。此种壶的色釉，青的程度极不一致，其中也有通体作粉青色的，但极少见，往往以青色中带黄或闪灰或微褐色的居多，也有作炒米黄色的。近来外人著作中，有鉴定为越器的，其实是龙泉的早期作品，可以简称为早期龙泉。

除了此种比较大型的盖壶以外，还有一种高约六七寸的盖壶，器身全作莲花瓣形，壶盖仿佛是莲花的叶，施釉极匀，近艾色，通体一律。还有一种盘口细颈长身瓶，瓶身刻划着莲花瓣两层，另有似葵花式的花纹，施釉，胎骨均较薄。这都是早期龙泉的标准作品。壶瓶之外有平底盘及卷边的高足小盘，器心都有简单的刻划花纹，这些墓葬中所出的物品，都是早期龙泉的作品。

此种早期龙泉作品渊源于越器。龙泉开始烧造的时期，大约在五代以后，越窑衰落了，龙泉就代之而起。现存的早期龙泉壶，有"天下太平元丰三年闰九月"等题记的双耳有盖壶以及同年的多嘴瓶（元丰三年是公元一〇八〇年，系北宋晚期），这是最可宝贵的历史材料。

乙

南宋的龙泉窑，在中国陶瓷史上是一个光辉的时期，也是南方青瓷最重要的时期。它的窑址，《处州府志》及《龙泉县志》都说在琉田，《菽园杂记》称为刘田，那里有琉华山，现在的地点就是大窑，属龙窑的大梅村，在龙泉县西南八十五里，西距小梅镇十五里。地有小梅溪，是瓯江上游的一个支流。

记载上提起当时烧青器的章姓二人，《龙泉县志》卷一《舆地古迹》条说：

生二章青器：章姓，生二名，不知何时人，曾主琉田窑。……世人称其兄之器曰哥哥窑，其弟之器曰生二章。"（《陶说》等书所记约略相同，不再引证。）

窑址除琉田以外，只有《菽园杂记》提到其他的地方。《菽园杂记》一书说及当时的制作方法，这在以往文献里是很少有的。它的记载是：

青瓷，初出于刘田，去县六十里，次则有金村窑，与刘田相去五里余。外则白雁、梧桐、安仁、安福、绿绕等处皆有之。然泥油精细，模范端巧，俱不如刘田，泥则取于窑之近地，其他处皆不及。油则取诸山中，蓄木叶烧炼成灰，并白石末澄取细者，合而为油。大率取泥贵细，合油贵精。匠作先以钧运成器，或模范成形，俟泥干则蘸油涂饰，用泥筒盛之，置诸窑内，端正排定，以柴篠日夜烧变，候火色红焰，无烟，即以泥封闭火门，火气绝而后启。凡绿豆色莹净无瑕者为上，生菜色者次之。然上等价高，皆转货他处，县官未尝见也。

根据著者多次实地调查（详见著者《瓷器与浙江》书中），窑址之分布如下：

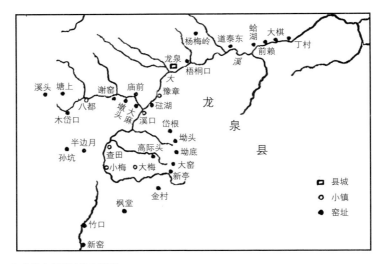

⊙ 龙泉古代窑址分布略图

依照《浙江通志》等书记载，仅龙泉县东乡的白雁、安仁、安福、绿绕、大安垟、因溪垟、官田、俞溪、大浪坑等处未经调查。因此一般所谓龙泉窑或是处州窑的名称，只是限于章生一、生二、章龙泉，以及明代移到处州的窑等等，一方面对于龙泉窑的范围的看法太狭窄了，其次明代窑移处州（以前所谓处州，是指处州府治，即现在的丽水）一节，完全与事实不符（详细说明见后）。

时代	窑地	方位
宋—明	大窑	龙泉南乡，离县城八十五里。
	岱根	在大窑之北。
	坳底	离大窑极近，此处发现黑胎碎片。
	坳头	坳底稍北。
	新亭	大窑西南。
宋	金村	新亭之南，尚有现代土窑。
	高际头	大窑西北。
	大麻	离龙泉县六十里，在溪口之西、查田镇北十里。
	庙前	大麻之西。
	墩头	庙前之西，此处发现黑胎碎片。
	木岱口	龙泉西乡，离龙泉县四十五里。
	八都厚朴地	龙泉西乡，离龙泉县三十里。
元—明	枫堂	庆元北乡，在金村之南，竹口镇东北三里。
	竹口	庆元北乡，离县城四十里，北距龙泉小梅镇三十五里。
	新窑	庆元北乡，离县城四十五里。
明	砻湖	龙泉南乡，溪口北十五里。
	幕窑	龙泉东乡，在梧桐口，离县城十五里。
	杨梅岭	在梧桐口东北。
	道泰东	在杨梅岭东南，即在道泰镇外。
	蛤湖、前赖、大棋、丁村	以上四处，由道泰往东，均在公路上。
	宝定	大港头对溪，东距丽水县城六十里。
	瓷窑	丽水县南门外，过溪公路边。
明—清	八都	龙泉西乡。
清以后	塘上、溪头、大滩、谢窑	以上四处，均在龙泉西乡。
	孙坑	龙泉西乡，离县城六十里，在查田镇西南十五里。
	半边月	龙泉西乡，在八都东南，离县城六十里。

丙

自南宋至清代关于龙泉窑的作品，究竟是怎样的呢？在我国的一些文献上亦有约略的记载，归纳起来就是：

1. 宋代的：

① "章生一所主之窑，其器皆浅白断文，号百坂碎，亦冠绝当世，今人家藏者尤为难得。"（《龙泉县志》）

"官、哥窑器皿——官窑品格，大率与哥窑相似，色取粉青为上，淡白次之，油灰色，色之下也。纹取冰裂、鳝血为上，梅纹片墨纹次之，细碎纹，纹之下也。"（《博物要览》）

"哥哥窑——色青浓淡不一，亦有铁足紫口色好者，类董窑，今亦少有。"（《格古要论》）

"兄弟各主一窑，而生一所制为佳，故以哥窑别之。哥窑多断纹，今温处珍之。"（《云谷卧余》）

"哥窑——其胎质细，性坚，其体重，多断纹，隐裂如鱼子，亦有大小碎块文，即开片也。"（《饮流斋说瓷》）

"哥窑有粉青一种，较弟窑更为幽艳。"（《陶雅》）

② "凡瓷器之出于生二窑者极其精莹，纯粹无瑕如美玉，然今人家亦鲜有者，或一瓶一钵，动辄博数十金。"（《龙泉县志》）

③ "龙泉窑土细质厚，色甚葱翠，妙者与官窑争艳，但少纹片、紫骨铁足耳。""弟窑色绿，即龙泉窑也，……以无纹者为贵。"（《陶说》《陶录》等书）

④ "弟所陶青器，纯粹如美玉，为世所贵。"（《陶说》）

2. 元代的：

①"哥窑在元末新烧，土脉粗燥，色亦不好。"（《陶说》）

3. 明代的：

①"龙泉窑在明初移处州府，色青土垩，渐不及前。"（《陶录》）

②"明正统时顾仕成所制者，已不及生二章远甚，化治以后，质粗色恶，难充雅玩矣。（《龙泉县志》）

③"制不甚雅，仅可适用。种种器具不法古而工匠亦拙，然而气质厚实，极耐火磨弄，不易茅蒎。……有粉青，有深青，今则上品仅有葱色，余尽油青色矣，制愈下。""若今新烧，去诸窑远甚。"（《遵生八笺》）

④"明仿龙泉与宋无大异，惟其色略淡，其釉略薄耳。"（《饮流斋说瓷》）

4. 清代的：

①"雍正所仿龙泉皆无纹者也，制佳而款精。"（《陶雅》）

②"清唐英在景德镇所仿，胎釉乃迥乎不同，大抵豆绿色，有暗花者，即唐所仿也。"（《饮流斋说瓷》）

现在分别在下面说一说：

先谈哥窑。它的特征，是有纹片，并且有大小之分，普通就叫作大小开片，亦称文武片。由于片纹的交错，就形成细眼似的术语所谓"鱼子纹"。也有不作如此的开片，再形成仿佛重叠的冰裂样的纹片，这就是所谓"百圾碎"。此种百圾碎，同样能在南宋郊坛下官窑的碎片上见之。它的色釉的程度极不一致，有从淡炒米色以至黄色的，有从较淡的青色以至蟹壳青或茶褐色或墨绿色的。还有一种仿南宋郊坛下官窑的作品，它的造形与色釉都很像官窑，也是文献上所说龙泉仿官的作品，是可以乱真的，就是这一种。不过此种仿官的制作，是否为章生一所烧，现在还不能证明。碎片以及整件遗物的发现，是在抗战期间（一九三九年前后），地点在龙泉大窑的坳底以及溪口乡的墩头两处。碎片约在两丈左右的深土里，黑胎骨，大抵很薄，墩头的更胜于坳底，因此以往认为有断纹的东西是笨重的，实际上并不如此。器物底足的制作极有规则，黑的胎跟未曾烧透的青釉显出乳白的两面，这样一块碎片的断面，宛似一片夹心豆沙的饼干，器物的边缘隐露胎骨，微微显出一条褐色的边，这就是所谓紫口。凡是器物转折部分，也是如此。釉极细致而润泽，此种制作，以往文献未经记载，这是最近十余年来的新发现。

其次要谈到没有纹片的龙泉窑作品，此种作品，普通认为章生二所烧，也是龙泉窑中最可宝贵的。此种器物，以粉青色的釉色为最佳，因为粉青色正是铁的还原的标准色，也可以说，烧制的技巧已达到最成熟的地步。如其烧得太过了，就要变成较深的翠青色；烧得不充分，就是很不美观的灰青色或灰褐色。还没达到还原火的时候，就烧成不同程度的黄色（炒米色以至姜黄色）。一般人就称它为黄龙泉，其实是铁的氧化的关系。粉青色的龙泉作品，由于釉水下注而边缘部分釉水较薄，往往在器物的转折部分露出白色的胎骨，成为一条白线，术语所谓"出筋"。此种情形常见于当时盛行制作的鬲炉的器身边缘及足部，也见于胎上凸雕缠枝牡丹花纹的炉瓶身上。小的器物，如圆盒盖的凸雕花朵，往往在凸雕的轮廓线上显出胎骨的白痕，这些都是宋龙泉的优点所在。从这一点，可以看出施釉的技巧、釉水配合跟胎骨泥土的细腻。此外宋龙泉的器物，如盘口双耳瓶，双耳有作双凤的，有作双鱼的，有胎骨较薄的大口直身瓶，都是宋龙泉独特的式样。双鱼洗的双鱼，用的是印花的方法。一般器物的底足都极有规则，露出不施釉部分的紫红色，就是普通所说的"血底足"。特别的一种，在青的色釉上有红褐色的斑点很有规则的排列着，往往于瓶壶，有盖罐的全身及小杯的内外面，但是不多见。此种斑点，就是从两晋时候的青釉器上接受过来的一种方法。日本人称它为"飞青"，而我们以往研究瓷器者以为这是在烧的时候从匣钵上粘过去的斑点，那真是可笑呢！较大一点的盘碗，外面有莲花瓣，里面是素的，也有在里面刻划莲花图纹的，非常生动。在浅的盘洗里面，有几条凸起的白线，中央也是起白线的，另有一个四方形的记号，中间是"河滨遗范"四个字。此外在宋代的龙泉瓷器上，就极少有其他字文。最近在吉安永和镇（即吉州窑）发现以覆烧的形式烧造的青釉器，它的釉色较灰暗而不透亮，这不是仿龙泉的作品，而是一个地方窑的青釉器物。

大约从宋末至明初的百余年间，龙泉开始烧造一种大型的青瓷器，例如花瓶的高度可过三尺以上，盘的直径可达两尺。瓶或素地，或有花纹。盘心颇多大枝的花果，并有菱花形的折边。大花瓶是有花纹的，往往在瓶身近底的三分之一部分，有莲花瓣式的凸刻花纹，瓶身有大枝的花果，颈的上部有几条弦纹，瓶口是侈开的，因全器胎厚，所以体极重。小型瓶的式样，短颈直筒形，将到底部稍收敛，底足都很宽，露出赤褐色，凹底有釉。釉色青中带绿，素地大瓶口釉汁极厚而现葱绿色，这是那一时期色釉的特点，从文献里发现大花瓶上有"括仓剑川流山万安社居奉三宝弟子张进成烧造大花瓶壹双舍入觉林院大法堂佛前永充供养祈福宝安家门吉庆者泰定四年丁卯岁仲秋吉日谨题"的记载，可以为鉴别元代龙泉的例证（见大维德《瓷器图谱》）。

明代龙泉由于当时大量的生产，所以流传到今天作品还是不少。它的早期的作品青色釉较深，因此似豆绿色。盘碗的中央，大都有印花，且有字文，字文正书或篆写不一。经著者检拾的有文字的碎片，上面的文字有"福""吉""吉利""金玉满堂石林""秀""上党""平昌""河滨""寿""福寿""石林""张""刘""李氏""王""积""定""宝""礼""天下太平""正""金玉满堂南阳""卍""林妹"，等等。还有"顾氏"二字，就是顾仕成所烧的。《龙泉县志》里说："正统时顾仕成所制者，已不及生二章远甚。"它的作品，有高足杯，有大碗，器物的中央即有篆书长方印的"顾氏"二字。此种碎片见于竹口及大窑两处，而以大窑为多。碗的内部，还有印着人物及文字的，如所谓"孔子泣颜回""赵真女"（即《琵琶记》赵五娘）等等，那是道泰东窑的作品（以往文献中，往往不明白此种作品的出处）。其他较粗的盘碗，往往作深灰暗青色，胎质亦作灰色，完全不是大窑附近的土质所烧成。龙泉县城以东沿公路旁所发现的碎片，大率如此。这就是所谓"化治以后，质粗色恶"的东西了。下至丽水之瓷窑及宝定窑，也都是这种粗制滥造的作品。而在竹口一带所烧制的，即使在化治以后，还能保持相当程度的青色釉。文献中记载年款的有以下各件可以作证（宣德等小件不计入）：

一、"景泰五年福里德安佛信人杨安仁喜舍恭入本寺供发心□□者。"（大花瓶，为大维德藏品）

二、"处州府丽水县东邻信士陈锷发心喜舍香炉十个奉入六和寺中观音圣前供养祈保亲寿命□自身夫妻偕老家门迪吉子孙茂盛功归有地福有祈归者正统丁丑桂月中旬造。"（三足大香炉，为大维德藏品）

三、"龙泉县一都九保皇衢居社户李成德出心拾田贰石土名上砻头著瓶及炉瓶壹副恭入本社天师大真人衙前永远供养专保家肥屋润子贵孙贤一门富盛百事利享有庆者万历廿八年十一月吉旦。"（鼓钉凸雕牡丹三足炉，现藏故宫博物院）

四、"蓬堂信人周贵点出心喜舍青峰庵宝并（瓶）一对祈保眼目光明男周承教承德二人合家大小平安天启五年十月吉。"（牡丹大花瓶，原文见著者：《瓷器与浙江》一书中《龙泉访古记》一）

最近在永嘉县也有烧青釉的窑址发现，该窑建造在明代是毫无疑问的。它的制作与龙泉东乡的相近，那是明代中叶以后的作品。由于永嘉的位置在瓯江的出口处，便于对外输出，因而青釉器的烧造地点从丽水扩展到永嘉，也是很自然的。当然，永嘉的产品在当时是龙泉的一种"冒牌货"。恐怕那时候跟龙泉竞争的，还不止这一处永嘉呢。

清代的是怎样的呢？它的青色釉带绿而深暗，有"康熙壬辰岁振民武记"文字的一个壶盖可证（著者藏）。假使没有题记，就不能跟明代的有所区别，据说乾隆以后，龙泉就不再烧青釉器了。

关于龙泉窑的情况，大概如此。解放以前，在反动统治时期，龙泉八都只有少数几个人能仿旧（温州方面也有仿旧的），也能烧制龙泉瓶，其他的土窑只烧些青花的粗碗盏。在一九一一年左右，有过所谓"浙江省立改良瓷业传习工厂"，也是依照景德镇的成法烧制青花及有彩的物品，但只有一个短时间。所以龙泉的优良传统并没有能够在龙泉当地继续下去。

抗战期间江西萍乡曾经烧过仿龙泉青釉的日常用具，相当成功，可是，昙花一现，未能继续仿制。一九四九年后景德镇瓷业方面所要走的第一步，就是要恢复已有的技术基础，因而也烧了些仿龙泉釉的作品，成绩很不错。

五　北方的青釉器是怎样发展起来的？

向来对于半瓷质器物经过高火度的施釉分为南北两大系统，所谓南青北白，几乎成为定论了。但是由于墓葬中出土物的不断发现，北方的青釉器除了早年信阳游河镇擂鼓台所出土的为南方所习见的以外，其他地方所发现的，确与南方烧造的迥不相同，因而北方青釉器有自成一个体系的情况。举例来说：

一、河北景县封氏墓中出土的莲花尊，是两个大莲花，一仰一覆，颈部贴着浮雕飞天，制作精美。同样出土的有三件，施釉极匀，呈淡灰色。就全器的造形来看，是够奇特雄伟的了，这是北朝时期的青釉标准作品（现藏故宫博物院）。

二、河南安阳卜仁墓中出土的青釉器有四耳壶四，小碗五，高足盘一。四耳壶的造形，跟南方的完全不同。壶有盖，器身腰部最宽大，上下部均作斜削形，平底，壶内上半身有透明性的淡橄榄色釉，腰部以下露胎不施釉。小碗的釉色与壶相同。高足盘是从豆的造形发展起来的，高足的底部向外侈开，盘的高度浅而盘心极平整，略似现代所用的玻璃制果盘，施釉极薄。洛阳出土的唐代三色釉盘，就是此种造形，器形极朴茂稳重，这也是北方半瓷质器中所特有的式样。

三、四系凸雕莲瓣大尊，侈口，颈部有宝相华一圈，制作极诡奇富丽之致。可惜只有一部分，下半截已缺，而这一部分也早已流落到外国去了。青釉较深，据说在安阳附近出土，是唐代的北方青釉器。

四、新乡附近出土的凤头龙柄盖壶，腹部雕有人像，底部及颈部均有莲瓣花纹，淡青色，胎极坚硬，平底，釉到底部。这一件在造形方面为出土物中稀有的珍品，是唐代早期的北方青釉器。该器往年为北京奸商岳彬所得，索价美元十万元待售，幸而全国解放，未被盗运出国，现已为人民所有。陈列于故宫博物院。

从以上四个最显明的例子看来，北方青釉器，在北朝以至唐代已有此种珍奇的作品，那末它的开始创造时期无疑是很早的了。不过这一方面的材料实在不够充分，还须等待地下的发现。

至于烧造此种青釉器的地点究在何处，到今天尚未发现。根据初步了解，可能在河南安阳以至林县境内，或者就在汲县（以前叫卫辉府），那就需要以后详细考查了。而此种北方青釉器，为什么在这样一个已有相当高度成就的基础上，还不能发展到跟南方的越器争一日的短长呢？为什么北方的青釉竟这样默默无闻而让邢窑的白釉异军突起跟越窑较一较上下呢？究竟以后临汝所烧的青釉器跟安阳所出土的作品，在这样一个长时期里是否保持密切的联系呢？也就是说，宋代的临汝窑所烧的青釉器，是否跟北朝以至唐代早期的青釉器一脉相承呢？这一系列的问题都需要此后继续努力探讨。

　　一九四九年以前，由于人们对于唐以前北方青釉器不甚重视，因而重要物品即使有了发现，也不可能成为科学的研究资料。又因此种物品，多从墓葬中经由盗墓者之手挖掘出来的，所以都通过一班唯利是图的奸商盗卖出国，在国内很少见到此种实物。而宋代的青釉器则是一般人所注意的东西，因而就有所谓"北方青瓷"的说法，但这是专指北方出土的宋代青釉器而言。至于这些青釉器究竟是在哪里烧造的，也还分辨不出来。现在就以往文献片段的记载，并结合最近几年来的实地调查结果，分别说明如次：

一、耀州窑

　　宋代的耀州窑是在黄堡镇。黄堡镇属于现在陕西的铜川县（即以前的同官县），北距铜川城三十里，南离耀县二十六里。以前同官属耀州，因此记载上就称作耀州窑，正如定窑并不在定州，而在当时属于定州的曲阳县相同。

耀州窑所在地点原有窑神庙，即今之东岳庙。庙有窑神德应侯碑，立石年月为"大宋元丰七年九月十八日"（公元一〇八四年）。碑记中说明窑神之被封为德应侯，是在熙宁中（公元一〇六八至一〇七七年间）。由此推测，在熙宁以前，当地已有窑神庙，这就说明耀州窑远在熙宁以前就烧造了，不过早到什么时候，此刻还不能下结论。

窑的遗址在黄堡镇南约三里，有一条漆水，相传从前南北沿河十里路长尽是烧窑的，因此有"十里窑场"之说。那一带处处都散布着碎瓷片。

耀窑的青瓷，明陶宗仪《辍耕录》上说是"仿汝而色质均不及汝"，这是比较可信的记录。此外宋陆游《老学庵笔记》里说成："极粗朴不佳，惟食肆以其耐久，多用之。"恐系耀瓷中较粗的一种，并非耀窑的真面目。但是笔记里又说："耀州出青瓷器，谓之越器，似以其类余姚县秘色也。"那又说明耀窑的青釉，是受有越器影响的。不过从现在发现的碎片看，还是以仿临汝的釉色为近。

耀瓷青釉的色调，是青中微微闪黄，一般所谓带黄的橄榄色。刻划花纹的图案，有莲花及蒝草等等，整齐中又显流利，刻划的方法亦极圆熟生动。形制大体虽嫌略厚，但有稳重安定之感。其中精品如盘口短颈瓶，通体刻花，并不感到烦琐。而青色较淡或黄色较多的青釉品，类多厚胎的盘碗，这就是陆放翁所谓粗朴不佳之件，在当时实为民间日常用品。耀瓷胎土作灰色，是当地所产坩土烧成的（参考《文物参考资料》

一九五五年第四期，著者:《我对于耀瓷的初步认识》及商剑青：《耀窑摭遗》)。

二、临汝窑

河南临汝县是已往的汝州，在一般文献上（见《清波杂志》《坦斋笔衡》《格古要论》《遵生八笺》《留青日札》等书），关于汝州所烧的青瓷，都简称为汝窑。在临汝县境内，烧造青釉器的古代窑址很多，可说是遍于临汝的四乡，其中最著名的如：临汝南乡的严和店，临汝东北乡的大峪店、东沟、叶沟、黄窑等处。

南乡的都是印花刻花，东北乡的尽是素瓷片。前者在近人的著作里，有人认为这是汝窑的代表作，其实他们忽略了东北乡的没有花纹的青瓷。此种没有花纹的青瓷，才是临汝烧青釉器的早期作品。它的色釉润泽而带葱绿，有纹片的似冰裂。铁还原的青色可以说是达到了相当高度的成就。当时统治阶级知道临汝已经积累了许多经验，并有好多技术优良的工人，因此就要他们替宫中烧制青釉器，而他们也的确发挥了卓越的技巧，烧造出现在我们所看到的所谓官窑汝瓷。

此种临汝早期的青釉器，究竟从什么时候开始的呢？在北宋末期宣和五年（公元一一二三年），徐兢出使高丽回来后，曾把旅行中的见闻写了一部有名的《宣和奉使高丽图经》。其中有一段说："狻猊出香，亦翡色也。上有蹲兽，下有仰莲以承之，诸器惟此物最精绝。其余则越州古秘色、汝州新窑器，大概相类。"可见在宣和五年的时候临汝所烧的青瓷，徐兢以新窑器称之。但是耀窑在熙宁以前已仿烧临汝的青釉，可见临汝窑在熙宁以前，青釉器已烧得相当成功了。到了大观以前，宫中命汝州工人烧制青釉器，也就是徐兢所谓的新窑器，实在是已经烧制成功的青瓷了。据此，则临汝窑之烧制青釉器当在北宋的初期。

官窑的汝瓷，通体有极细纹片，底有细小挣钉所支烧的痕迹，色釉似带粉的青色，所以称为粉青色。起弦纹的部分（如故宫博物院所藏的汝窑弦纹炉），由于釉水下注，隐露似酱红色的胎骨，颇显著，全身釉水匀净，铁的还原至此达到完成阶段，因而官窑的汝瓷，在中国陶瓷器史上是一个划时代的产物。现故宫博物院所藏的汝窑弦纹炉，可以说是官窑汝瓷中的标准作品。

汝瓷除了极细的纹片外，有时有似蟹爪所经过的那样的划痕，这就是所谓蟹爪纹。一般评价，无纹的比之有纹的为好。有的文献上说，宫廷中应用烧造的汝瓷，内用玛瑙末为油，最近正有人研究这个问题。

临汝南乡所烧的印花刻花的青瓷器，色釉较深而略带艾色，刻划的风格比较犀利而有锋芒。印花的，以小型盘碗为多，颜色亦有比较模糊的。一般古董商称为北方丽水窑。造型方面，以椭圆形的瓷枕，深刻缠枝花朵最为出色。其他，如细长颈侈口圆腹瓶，瓶身满刻着花纹，亦至少见（参考《文物参考资料》一九五一年第二期，著者：《汝窑的我见》）。

著者除了在临汝调查以外，在宝丰的大营青龙寺窑也发现很多的印花青瓷，跟临汝严和店窑相近，可见宋代临汝窑对于各地的影响是很不小的。

六　官窑器是什么？

宋代宫廷里先是用的定州白瓷器，因为有芒（就是定瓷器皿的边缘没有釉，所以是毛边的），不堪用，改用汝州造的青瓷器，后来由官府置窑烧造青瓷器，这就是所谓官窑了。从记载上看，此种官窑青瓷器的烧造时代，是在北宋末大观、政和间，就是所谓北宋官窑。不久金人到了开封，宋室南渡，在杭州置窑造青瓷器，称为修内司官窑。后来在郊坛下别立新窑，也就是郊坛下官窑，比之旧窑大不如了。因之宋代宫廷里所用的青瓷器有这样三个不同的时期。现在先谈北宋官窑。

关于记载北宋官窑的文献虽则有好些，但都语焉不详。最重要的记载，是说"文色上白，薄如纸者亚汝，价亦然"（《留青日札》）。其他关于胎骨、釉色、造形的叙述，跟南渡以后所烧的没有什么区别。北宋官窑的窑址，现只知道"汴京自置窑烧造"一点，至于究竟在开封什么地方，则因为还没有发现它的烧造遗址，也就是还没有发现它的堆积碎片所在，故无法确定。有一些评论家以为釉色与南宋官窑类似，证之南渡后修内司的作品是"袭故京遗制"的，可以说，这个意见是正确的。又说北宋官窑跟汝窑的青器是相同的。从所谓"命汝州造青瓷器"这句话看来，可以解释为临汝官窑是由汝州的工人烧造宫中所用的青器。后来大观、政和间置窑烧造的官窑，当然不能离开汝州工人熟练的技巧，这从故宫博物院所藏的最可信的实物材料"汝窑三足弦纹炉"跟北宋官窑的"冲耳三足炉"看起来，二者色釉是那样的酷似，可以说，临汝官窑与北宋官窑不仅是类似，简直是一脉相承的了。

因而"北宋官窑"的釉色同作风，大体上跟临汝官窑不致相距甚远，大抵最标准的釉色还是粉青，那是可以肯定的了。

此外《格古要论》里有谈董窑一节，说是："董窑：淡青色，细纹，多有紫口铁足，比官窑无红色，质粗面不细润，不逮官窑多矣，今亦少见。"这里所说的董窑似乎是跟北宋官窑同时在北方——甚至也在开封——烧造的青瓷，不过比之官窑，一、无红色（《格古要论》论及修内司官窑有所谓"色青带粉红……"），二、质粗而不细润而已。因此，有人因为在《宋会要·食货》五十四"窑务"条下有"旧东西二务"的说法，就以为董窑或即"东西二务"之东窑。更因项子京《历代名瓷图谱》一书中有"宋东青瓷菱花洗"一件器物，而清代官窑中就有所谓"东青"（又作豆青，另名冬青，极费解）一种釉色。究竟《格古要论》所称的董窑在哪里？是否就可以解作东窑？凡此种种，因为在开封或是开封之东的陈留县（传说北宋官窑在陈留）都没有发现烧造青瓷的窑址，所以使得人们如堕五里雾中。

那末，南宋官窑的情形怎样呢？

第一次的官窑，据《坦斋笔衡》说："中兴渡江，有邵成章，提举后苑，号邵局，袭故京遗制，置窑于修内司，造青器，名内窑。澄泥为范，极其精致。油色莹澈，为世所珍。"邵成章（《宋史》有传）烧青器的窑址，据《遵生八笺》说在杭州凤凰山下。

第二次的官窑，《坦斋笔衡》说："后郊坛下别立新窑，比旧窑大不侔矣。"又咸淳《临安志》卷十有"青器窑（雄武营山上圆坛左右）"。

关于修内司窑在杭州凤凰山下一点，三十年来经过好些人调查，都不能证实它的窑址所在。（又查凤凰山下以及附近万松林一带，由于一部分在当时就是"大内"的地方，另一部分也是当时的重要园宅所在，因此地下碎片颇多，其中有定窑、龙泉窑，并且有黑釉的碎片，那是当时应用的物品。）至于修内司窑的作品究竟是怎样的呢？就以往文献上所记载的，如：

《格古要论》："官窑器，宋修内司烧者，土脉细润，色青带粉红，浓淡不一。有蟹爪纹，紫口铁足，色好者与汝窑相类。有黑土者，谓之乌泥窑，伪者皆龙泉所烧者，无纹路。"

《遵生八笺》："官窑品格，大率与哥窑相同。色取粉青为上，淡白次之，油灰色，色之下也。纹取冰裂鳝血为上，梅花片墨纹次之，细碎纹，纹之下也。……所谓官者，烧于修内司，为官家造也。窑在凤凰山下。其土紫，故呈色如铁，时云紫口铁足。紫口者，乃器口上仰，釉水流下比周身皆浅，故口微露紫痕，何足贵，惟尚铁足，以他处之土咸不及此。哥窑烧于私家，取土俱在此地。官窑之质隐纹如蟹爪，哥窑之质隐纹如鱼子，但汁料不如官窑佳耳。"

《玉芝堂谈荟》："官陶之质细以润，其色青绿，其纹蟹爪，其口紫，其足铁也。"

根据以上的记载，修内司官窑的特点是：

一、土脉细润，有黑土的称为乌泥窑，龙泉有仿造的，这样说来，官窑中不是黑土的是正路东西，黑土的是例外。又上举引文明明说到龙泉有仿黑土的制作，证以龙泉大窑及墩头均有黑胎，而一切制作与官窑相类的，就是此种仿官的作品，也就是所谓伪官窑的作品了。不过所谓无纹路一点，并不尽然，龙泉之无纹路而与官窑制作相似的，却不是黑胎。

二、色青带粉红，浓淡不一，其中淡白的较次，油灰色的最下。

三、有蟹爪纹，就是长条的细纹，还有冰裂鳝血纹、梅花片墨纹及细碎纹。

四、紫口铁足，《遵生八笺》解释得很对。

关于郊坛下新窑的窑址，就在杭州南郊，浙赣铁路以北一个山的下面。这个山俗名乌龟山，山西南有水田，就是八卦田。山顶在南宋时有郊坛，因此山下的窑就称为郊坛下新窑。此处发现碎片及窑具很多，碎片的胎骨，因为含有铁分特多，所以烧成黑色，或近黑褐色，一般人就称为黑胎。也有灰褐色的，那是烧得不充分（氧化火中烧成）的原故。其次胎骨的制作很薄，有时釉厚的地方，过于胎骨。而造型方面，如口部边缘、三角形炉足以及高足的折边部分等等，均极精巧。青釉的程度，极不一致，有的还没有还原成功，所以烧成油灰色。而氧化火中所烧的近似蜜蜡黄的釉色，极润泽美观。

由于许多碎片及窑具的发现，证明了南宋这两个官窑所在的地方，从而揭示了两个官窑的特点。由此可以依据"袭故京遗制"的修内司窑所制作的，推想到北宋官窑的制作与釉色，这是一个很具体而客观的推论。

七　异军突起的钧窑

一般人所通称的钧窑，它的产地是现在河南禹县的西乡神垕镇。《禹州志》上说："州西南六十里，乱山中有镇曰神垕。有土焉，可陶为磁。"原来禹县在北宋时候是阳翟县，金称钧州，明万历三年，因避用统治者（朱翊钧）的名字，改称禹州。所谓钧瓷，在北宋时候只是紧邻汝州阳翟县所烧的一种青釉器而已，还没有钧窑这个名称。而在南宋的记载里，也没有提及过钧窑。它的兴起，与汝窑的衰落有密切的关系。就是说，临汝窑到了北宋末年，经过靖康之变是毁灭了，而紧邻着临汝东北乡大峪店的阳翟县野猪沟（东距神垕镇十里），就烧造了一种不同于临汝所烧的青釉器。这是在北方金人统治之下以及元代的一百余年间的产物。

由于临汝窑早在北宋末年就毁灭了，而神垕镇野猪沟所烧造的青釉器，异军突起，风靡一时，因此到了明代，汝瓷仅是一个历史上的名词，而钧瓷则为一般人所称道。

神垕镇野猪沟在十余年前曾经发掘过，发现了不少所谓钧窑的物品，碎片也很多，就是到了现在，田野里还可以检到小块的碎片，那是当年挖掘遗留下来的，从所发现的碎片中可以见到钧窑的标准作品。这些作品有的在釉下刻划着菊花的花纹，而通体又是天青色与玫瑰色相互错综掩映的。纯粹天青色的色釉，是那么肥厚润泽。胎作灰色较深。它的造形与色釉，都是与临汝窑截然不同的。造形方面有碗、碟、瓶、罐、香炉、花盆等，纯为民间的日用物品。它的色釉，除了铁的还原烧成功以外，还有一部分的紫红斑，那又是另外一种色釉上的重要发明，就是铜的还原烧成功了。因此钧窑的器物虽说属于青釉一个系统，可是增添了铜的作用。

由于此种铜的还原的烧成，青釉器上就不是单纯的所谓一色釉，而有了多种多样的色调，仿佛在蔚蓝的天空忽然涌现了一片红霞那样灿烂美观，这正是异军突起的钧窑器的特色。

神垕镇有此发明，于是附近各地窑场群起仿造，竞争销场，这就可以说明为什么在临汝大峪店的东沟、黄窑、南乡严和店以及陶墓沟、刘庄、冈窑各地，都发现此种带有紫红斑的钧窑风格作品。不仅接近神垕镇的临汝如此，即远至洛阳西新安县北三十五里的云梦山也盛烧此种物品。后经调查，黄河以北地区，如安阳的西乡、汤阴的鹤壁集等处古代窑址，此种碎片也很多。这又可以说明此种青釉器上有紫红斑的作品是风行一时的。可是各地所烧造的器物，胎骨极粗笨，紫红斑是那么一小块一小块地呆板的散布着，丝毫没有一种晕浑一片如云霞般流动之感。并且天青的色釉不是像晴空万里那样明快，而是暗淡重浊，像彤云密布般灰沉沉的色调，给人们一种不愉快的感觉。此种作品，后来的人也就不叫它钧器，而统称为元瓷。可以见得此种模仿的作品在当时只就供应方面着想，自然没有什么艺术上的价值。因此早期野猪沟的一种了不起的技巧，恐怕也就这样失传了。

钧窑之继汝而起是在金人统治时代，那时是钧器的黄金时期。到了元代，是所谓粗制滥造时期。及至最后，本身的制作已经是名存实亡。明代一统，景德镇瓷器风靡全国，地方烧造的窑器被迫只能供应邻近几个地区。所以在《明会典》里，宣德年间有命钧、磁两州每年进造酒缸、瓶、坛的记载。由此不难想到，以一个能够烧造煊耀一时的钧瓷窑场，退步到奉命供应酒缸、瓶、坛，自然那时候已不再有烧造变化无穷的精美钧瓷之能力。查初白《人海记》里说："大内牡丹盛开，神庙思以磁瓶贮之，偶江阴民有一钧州瓶，高数尺许，欲得十金，或笑之，忽内臣觅进。上喜，问价几何，奏曰，二百金。上谕先给百金，如未肯，再给五十金。"可见当时差不多已经将钧瓷看做珍贵的东西了。汝瓷盛于北宋时期，迨南渡后就绝响。钧瓷开始露头角于汝瓷极盛时代，在南宋一段时期中北方最为盛行。元代以后渐渐衰落，及至明宣德间已不复能烧钧瓷了（参考《文物参考资料》一九五一年第二期，著者：《禹州之行》）。

八　景德镇窑的仿烧青瓷

景德镇自从唐代烧造青釉器以后，到了宋代，就现在所有的材料说，没有向这一方面发展，而另外成就了一种影青的作品，这不在本文叙述范围以内，不去说它。到了明代，由于景德镇制瓷业空前发达起来，于是当地就有仿造宋代几处负有盛名的青瓷的。此种仿制作品留传下来的还不少，即如永乐年间烧造的所谓翠青三系罐（现藏故宫博物院），釉薄而匀，色泽近于粉青，比所谓"梅子青"（一般人称赞龙泉的色釉，以梅子青为最佳）要淡一点，正可以说是恰到好处的釉色，也就是说，可以与龙泉最优美的作品相媲美。可是在那时期龙泉本身已烧不到此种程度。常见的一种宣德年间出品的青釉小碟，有暗花，碟心有青花款"宣德年制"四字，色釉和花纹都是明龙泉的本色。那时候还有仿制汝器的，我们所见到的是一种浅浅的盘，底有"宣德年制"青花款，釉色略带灰，亦有细纹片，那就远不如原来的汝器了。成化年间仿哥的小品比较多，如双贯耳小瓶、六角式小杯等，釉色偏于淡青。隆庆年间出品的小洗，外部淡青釉，内部青花，有"隆庆年制"四字款，并不多见。还有一种短颈瓶，中部凸雕牡丹孔雀，下部有如意纹，颈部有回文花样的，是万历年间的作品。

清代在景德镇仿制的青釉器，以雍正、乾隆两个时期为最多。在官窑方面正是年希尧、唐英监厂督造的时期，在宫中有的是宋代几个名窑的原器，因而根据汝、官、哥以及龙泉的种种标准的色釉与造形来尽力仿造。当时景德镇的工人们发挥了优良传统，充分掌握铁还原的技术，因而所仿造出来的物品，如雍正的龙泉釉，跟永乐年间所仿制的完全相同。官窑的紫口铁足几乎跟宋代的作品不相上下。就是汝窑器跟哥窑器也都胜过宣德及成化年间所仿制的。造形方面，有极大的双贯耳壶，可以说，仿汝、仿官已达到随心所欲、水到渠成的地步。到了清代末年，景德镇的瓷器一般地衰落下来，所以仿哥的作品虽还能烧，而釉色烧成油灰色；仿龙泉的作品一般称为豆青色，而釉里有很多气泡，色泽亦显得灰暗。至于仿官、仿汝的作品，那就根本没法仿制。

九　闽粤方面烧造青釉器的新发现

在黄河及扬子江流域所烧造的半瓷质的青釉器，虽说到今天还有许多地方需要等待以后陆续发现，可是大体是明了的了。但对于东南一角，除了福建水吉的黑釉器、德化的白釉器以及广东的阳江窑、石湾窑以外，向来知道得有限。最近数年来，由于基本建设工程的进行，出土了许多以前不了解的陶瓷器物，因而丰富了我们对于以往各地方陶瓷的制作情况的了解，为中国陶瓷发展史增加了许多宝贵的资料。在这一章里，就要扼要地叙述闽粤方面此种新的发现。

一、福建方面

一九五三年在泉州碗窑乡发现好几处堆积碎片及窑具的地方，证明此处是古代烧窑的所在。就其中发现的碎片来分析一下，确实有青釉器存在。据研究者初步分析，它是宋代的作品，釉色青而较淡，胎土灰白，一切制作是宋代的作风。此处烧窑，是否受到龙泉影响，为了供应当时这个滨海地区的人民需要呢？还是另有它的意义？就是说，宋代，尤其是南宋时期，泉州港在对外贸易方面地位重要，是我们所熟知的事实，那就说不定泉州碗窑乡烧制此种青釉器，有它对外贸易上的需要，此外，在泉州附近的南安以及同安各地，都曾发现窑址，是否烧制青釉器，亦需经过调查方能肯定，因而这方面的研究，需要进一步的进行。

二、广东方面

这两年来，广东所出土的陶瓷器，对于了解中国青瓷的发展有极重要的意义。在广东的汉代墓葬中，曾发现许多早期青釉的半瓷质明器，这些明器是与浙江出土的魏晋六朝的青釉器一致的，有人怀疑此种物品是否为广东所烧造，其实一经细细分析，虽与浙江出土的青釉器一致，但自有它的特征所在。即如造形方面尽多具有南方的风格，如在广州市东郊东汉砖墓中出土的船的明器，就是一个显明的例子（参考《文物参考资料》一九五五年第六期，《广州市东郊东汉砖室墓清理纪略》）。

其次在广东省番禺县石马村唐墓中发现的青釉器，它的青釉烧的那样圆浑润泽，显然是铁的还原的成功之证。器物的制作，又是那样新奇，就它的形式讲，四系罐上不但有盖，还有一个横梁，横梁的两端各有一个小圆孔，夹在罐肩上的两块小立片也有圆孔，中间可以穿过一条绳儿，使得盖与罐非常安稳地联系在一起，提起了罐，就不会把罐盖丢失或滑落了。同时可以用一条绳仅仅贯穿在一侧的立片上，罐盖可以自由开关。此种造形设计的周到，我在早期陶瓷器方面还是第一次看见。它比唐代越器的青色要淡一点，凝厚虽不如，光亮却过之。在这个墓葬中，类似此种物品同时出土的很不少。

这许多早期的以及五代的青釉器，在今天虽不能说明它的烧造地点，可以从风格上的特征看，定为广东的产物无疑。

再说在广州西郊皇帝岗发现的古代窑址，这是广东烧造青釉器的铁证，那里遍地是碎片和烧窑的工具。它的烧造时代，可以判断为晚唐以至五代，因为在碎片当中发现很多凤头壶的头部，这是一种唐代陶瓷器的作风。那时候，广东被统治在穷奢极侈的刘氏（刘龑曾在两广建立南汉国）之手，刘氏在种种方面喜欢竞奇斗巧，至有"玉堂珠殿，饰以金碧翠羽"那样的华靡，因而此种盛行于中原的陶瓷器的风格很容易被广州的陶瓷手工业所吸收（参考《文物参考资料》一九五四年第九期，著者：《写在看了基建出土文物展览的陶瓷以后》。同年第十期，李文信：《关于我国陶瓷的几种新资料》。同期傅振伦：《全国基本建设工程中出土的瓷器》）。

广州以外，我们再看东江方面，首先是惠阳，最近在白马山发现了烧造青釉器的窑址。它的釉色深而胎厚，因为尚未经过详细的调查，所以对于它的制作还不可能有较详尽的记载。就时代说，是南宋以后的作品。

其次是现在的潮州市，在城外北郊窑上埠出土很多青釉器，釉色青中微微带黄，盘足平底凸心有釉，并且在盘的后面有四条压痕。双系有盖罐的嘴小而短，一切制作，完全是唐代作风。胎较岳州及景德镇唐代所烧的青釉器为重，釉亦较厚。在北郊还发现好些此种碎片，又发现宋代一种烧窑工具——压锤，上有皇祐二年（公元一〇五〇年）及治平丁未年（公元一〇六七年）的年号，可见此处自唐代以来一直继续烧造的。南郊也有此种唐代青釉器的碎片，东郊百窑村后山，俗称笔架山的山上，到处都是碎片。其中有明代作风的青釉器，似龙泉釉而实非龙泉，确是潮州所烧的物品。潮州距海极近，因而在宋明的时期，此种仿龙泉的青釉器也是对外输出的一种瓷器，可能与福建泉州所烧的是同一时期。

传说中的几处青瓷窑

南北两方烧造的青釉器，除了已经调查过或是确实知道烧造的窑址外，还有好些在文献上记载说是曾经烧过而现在不能证明它的实物的，或已经出土了些实物，而未能证实它的烧造所在的，也不在少数，举例来说：

宋代的：

一、秦州窑

窑址相传在甘肃天水县境内，但是到今天还不知道窑址地点，而在天水附近却时常有青瓷出土。这些青瓷的制作特点，是在胎上刻划着花纹，然后施以青釉。亦有印花的小盘，风格跟耀瓷相同，无疑的它是受到耀窑的影响。青的色泽较淡，而显得光亮明快。

二、宜阳窑

在河南宜阳县，传说即在县城的东门外，那里有许多青釉而有印花的碎片的堆积。宜阳与临汝是邻县，宜阳的作品可能受临汝的影响。

三、汲县窑

据文献上记载，是河北窑，因该窑在黄河以北的缘故。汲县就是从前的卫辉府，碎片的堆积处，听说就在南门外约两里路的地方，是烧临汝作风的青釉器的，这种青釉器胎骨皆粗糙，不及临汝出品，但是否如此，因未曾见到实物标本，不能肯定。

四、唐邑窑

在河南唐河县，在北宋时也是烧临汝窑作风的青釉器的。

五、邓州窑

在河南邓县，即以前的邓州，传说它的胎骨和色釉跟唐邑窑相近。

六、德清后窑

在浙江德清县境内，日本人米内山庸夫曾在这里发现碎片。就出土的实物说，这是一种较粗的茶碗，色釉程度不一，有呈蜜黄色以至青绿色的，碗心有粗线条的刻划花纹，外部似用竹器所制栉梳样的工具在胎上刻划着起线的直纹，这是它的特征。

明代的：

一、横峰窑

在江西境内浙赣铁路线上，相传明代中期浙江处州人瞿志高在此烧窑。根据《陶录》上说，该窑专烧瓶、罐、缸、瓮、盘、碗之类，胎骨和色釉均极粗糙，是一种次等的青釉器。

二、景宁窑

在浙江景宁，就在龙泉县的东南。该窑无疑是受了龙泉窑的影响，因而它的青釉器跟龙泉东乡所烧的相近。

三、石码窑

在福建龙溪县，据说在明末清初之际也烧过青釉器，是大型的钵缸之类，颇有元明间龙泉窑的作风。

四、阳春窑及新兴窑

在广东省阳春县及新兴县，清代初期都烧过青釉器，胎粗，釉色带灰或闪黄，有类明龙泉的粗器。《古今图书集成·方舆汇编·职方典》一千三百五十二卷"肇庆府"条有"陶器出阳春、新兴，皆闽人效龙泉为之，然不能精也"。

此外为文献所不载，但在基本建设工程中发现烧造青釉器的窑址，是很可能的事。这在青瓷的发展史上定能增加许多新的资料。

青瓷的对外输出

六七世纪时（隋及初唐时期）中国与南海诸国的信使往还已很频繁，及至八世纪时（唐代中叶），就有很多阿拉伯人居住在广州经营商业。在那时候，中国和阿拉伯的交通路线，陆路是由新疆、中亚细亚以至波斯；海道是由广州绕马来半岛，经印度洋到达波斯湾。当时我国的青釉器（越器）就这样由我国的海舶或经阿拉伯商人之手传到印度、波斯，并由波斯到达埃及，以至阿非利加的东部与北部，甚至有些记载说，通过地中海，还远到了西班牙，这是我国陶瓷器向外输出的第一时期。

北宋初期，曾指定广州、杭州、明州（即现在的宁波）设立市舶司，又在元祐二年（公元一〇八七年）增置市舶司于泉州，跟外商进行买卖。到了南宋时期，更因当时财政困难，外国来船的收入实为国家的重要财源，所以极力想法招徕外商。高宗绍兴七年（公元一一三七年）及绍兴十六年（公元一一四六年），曾有谕旨盛称市舶之利，颇助国用云云。当时与阿拉伯商人所交易的输出品，以金、银、铜钱、绢、瓷器等为主（见《宋史》第一百八十六卷）。到了宁宗嘉定十二年（公元一二一九年），又规定凡买外货以绢帛锦绮、瓷器为代价，不用金、银、铜钱（见《宋史》第一百八十五卷）。从这些记载可以知道，自北宋初期以至南宋晚期，由于奖励对外贸易的缘故，曾把当时烧造的瓷器作为重要的输出品之一。此种瓷器除了一部分白釉的以外，那就是龙泉的青瓷。从宋赵汝适《诸蕃志》《岛夷志略》《瀛涯胜览》里，就能找到很多关于用青白瓷器以及统称瓷器或专指青瓷器进行交易的记载，这里不再一一列举。当时的交通路线，是从海道先到三佛齐国苏门答腊之巴淋旁，在此处由阿拉伯商人用金、银、瓷器、锦、绫、缬绢、糖、铁、酒、米、干良姜、大黄、樟脑等物，交换波斯各地运来的物品及本地出产的瑂瑁、真珠等等，所以当时之巴淋旁实在是地中海各国往来之咽喉（见《诸蕃志》三佛齐国条）。这是青瓷向外输出的第二时期。

自十三世纪八十年代（元至元十七年）至十五世纪四十年代（明宣德十年）一百五十余年间，福建的泉州为当时世界最大贸易港之一（见《马哥孛罗游记》），外国商船到泉州来进行贸易的极多。由于此种对外交易的频繁，我国的青瓷就大量的经由泉州港运输到海外去了。当时我国的青瓷（根据记载，有厚重的碗盘瓶等大件，可以证明是元明间一个时期里的龙泉产品），除运到巴淋旁以外，还到达了缅甸的麻尔达拔里海湾（Gulf of Martaban）之麻尔达萌城，此处亦是东西交通一个转运的中心点。因之在那时期称呼我国此种青瓷为"麻尔达拔里"（Martabarri）陶瓷器。而我国青瓷到达印度，当时是从波斯阿富汗边境的个尔（Ghoor）城去的，所以就叫做"个里"（Ghori）陶瓷器。总之，在此期间，这种龙泉青瓷成了世界的商品。

明代初期太监郑和下西洋七次，自永乐三年第一次出航起至宣德五年第七次出航止，它的路线是从江苏太仓刘家港出海，经占城（在今中印半岛的中部）、暹逻湾，循马来半岛南下，至新加坡，绕苏门答腊及爪哇一周，进孟加拉湾，北至恒河口，南至锡兰岛，再航阿拉伯海，进波斯湾，至底格里斯河口，再循西岸南行至亚丁，越亚丁湾入红海，北至麦加，循非洲东岸南行，至莫三鼻给海峡，掠马达加斯加岛南端向东，经印度洋回航。郑和所带出去的交换品是黄金、锦、绮、纱、罗、绫、绢、纻丝、瓷器。在瓷器里面，除了当时刚刚盛行的青花以外，就是明代早期的龙泉青瓷。郑和出去了七次，而经过的地方又是那么多，龙泉青瓷自然因此大量散布到所经行的各地方去，这是青瓷向外输出的第三时期，也是最盛的时期（参看冯承钧著：《中国南洋交通史》及《星槎胜览校注》等书）。宣德以后，虽说没有像郑和那样大规模的对外活动，可是终明之世，明代瓷器的出口，未尝中止。龙泉及处州所烧造的青瓷，还是继续大量的输出，在渤纽用以交换香料、玳瑁；在苏门答腊用以交换胡椒等物。

在此种青瓷出口的早期，阿拉伯商人曾加以仿造，后来他们就创造自己的陶瓷器。当时还流行一种传说，就是此种青瓷大盘，可以鉴别食物的有毒与否。要是有毒的话，食物即会变色，嗅起来，也会变气味，从这个传说中，可以表示出他们是非常宝贵此种青瓷的。还有好些记载，说当时波斯有钱的人收藏远方运来的青瓷，就是现在土耳其的依司坦堡博物院还藏有我国瓷器达一万件之多，为世界上最有名的收藏中国古代陶瓷的博物院。其中明代青花及五彩瓷器有二千六百余件，宋元明初的龙泉青瓷有一千三百五十件。这一批瓷器最早是在公元一五一二至一五二〇年（明正德七年至十五年）的时候，苏丹散利姆统治波斯时所收集的。关于青瓷部分，据爱尔司脱·齐美尔门（Ernst Zimmermann）于一九三〇年所编的康司坦丁堡土耳其博物院重要藏品图录第一卷，有许多龙泉大盘的盘心，浅雕着花草云龙，是元明间龙泉最标准的作品。釉色从带黄的橄榄色以至草绿及灰青色，都非常匀净光润。还有较浅淡一点的青瓷，胎质较粗，有人怀疑此种作品恐怕就是泉州烧造的。

由于龙泉青瓷的大量输出，所以在这一条当年交通的路线上，到今天都能找到此种青瓷的碎片。如印度好多地方以及波斯湾沿岸巴斯拉（Basra）、乌孛拉（Ubolla）、喜拉（Hira）、吉许（Kish）、西拉夫（Siraf）等地，都有龙泉青瓷碎片发现。而埃及的佛斯塔特（Fostat）除了发现唐代的越窑瓷片以外，还发现许多龙泉碎片，其中含有宋代粉青色釉以及双鱼洗的碎片很不少。完整的瓷器保存下来的，在爪哇、苏门答腊各地也有很多。近十余年来在越南红河流域以及北部清化各地的古墓中时常发现我国的龙泉青瓷，因为早年我国青瓷从广州出口，第一步就到越南，而当年安南（越南）仿造的青釉器，都是受龙泉的影响。就是在缅甸，也因为我国的青瓷要在麻尔达萌城转运出口，所以留在缅甸的龙泉青瓷也不少。而在暹逻（泰国）烧造的一种青釉器，同样可以确实认定是受龙泉影响的。至于在菲律宾方面，据近二十年来的报告，也在很多岛屿上发现龙泉青瓷的碎片。日本跟我国相距极近，宋代瓷器从明州出国的，都是向日本、琉球输出，因此在日本的镰仓、博多各处海岸发现龙泉青瓷片极多。在琉球的那霸首里海岸所发现的青瓷碎片中，明初的特别多。高丽（朝鲜）在北宋时，已经仿造我国的越窑及汝窑的青器。关于传入欧洲方面的情形，据说第一件传到英国的中国瓷器，就是威尔海主教（Bishop Warham）在一五〇四年送给牛津新学院的青釉碗，说是当时从漳州或泉州出口的龙泉作品。

还有，在欧洲人的文献里，对于中国的青釉器，有一个专用的名词称为雪拉同（Celadon）。这个名词的来源是这样的：在十六世纪晚期，法国有一个著名小说家杜尔夫（Honore d'Urfe）写了一本牧羊女亚司泰来（L. Astreé）的长篇小说，叙述牧羊人雪拉同跟牧羊女亚司泰来的恋爱故事。当这个故事搬到舞台上演出时，雪拉同穿着一件很美丽的青色的衣裳，那时候龙泉青瓷第一次跟法国人见面，它那美丽的青色没法可以形容出来，只有这有名的戏剧里面主人翁那一件衣服的颜色可以与之匹敌，因而他们就称这种青釉瓷器为"雪拉同"。这个美丽的故事给龙泉青瓷一个富有诗意的代名词，直到今天，许多人还时常这样称呼它。在许多文献里，对于中国北方所烧制的青釉器，就称之为"北方雪拉同"。当时龙泉瓷之见重于欧洲大陆，就是这样的。在以往这一段长时期里，中国青瓷有巨大的数量输出国外，而第一次到达欧洲大陆的时候，使欧洲人非常惊奇羡慕，因而刺激了欧洲人仿制东方瓷器的热切愿望，从而推动欧洲瓷器的创造。

结语

关于我国青釉器的烧造历史，从开始以至完全烧制成功，其间经过了许多时间，由它的淡淡的薄薄的一层带青带黄的色泽以至所谓碧玉样海水样的青釉，我们可以想象得出，这是集中了多多少少劳动人民的智慧，积累了多多少少劳动人民的经验，才能达到这样的地步。

就它的操作说，必须发挥氧化铁还原的性能，必须发明长石釉并把一种植物草烧成灰掺加进去，同时还必须掌握一定的火度，才能完成这种青釉器。凡是此种技术，必须在工作中不断的创造、不断的实验，从失败中吸取教训，把已经获得的成果巩固下来，才能逐步提高。这一长时期的创造改进过程，是中国陶瓷史上最光荣的一段。

因为由半瓷质的器物进步到瓷器，唯一的关键，就在于青釉器的烧成。为了要使氧化铁还原成功，必须掌握它的火度，同时胎质的淘炼、瓷土的使用，以至燃料的选择、窑室的结构等等，均须随之发展。其次，铁的还原的烧成，为以后用还原焰烧成其他色釉开辟了道路，例如铜的还原，就随着铁的还原的烧成而烧成功了。

青釉器经过了南方越窑的长期实验，以及所谓北方青瓷的并辔驰骋、突飞猛进，到了宋代，北方的临汝窑以及南方后起的龙泉窑，在铁的还原的技巧上已能够充分把握窑的火度。以往有些谈瓷的人以为中国烧造青瓷达到最高峰的是北宋的大观官窑以及南宋的修内司官窑，这是可以商榷的。

关于宋代的官窑是怎样发展来的，前面谈了不少，这里还有重提一下的必要。当时统治阶级见到临汝窑的出品胜过当时使用的定器，因此改命汝州工人在开封附近设窑专为宫廷烧造青瓷，这就是大观官窑。大观官窑是直接承继临汝窑的作风，接受临汝窑所获得的成果，因袭它，提高它；因此把临汝窑已经获得的成就看做官窑的新成功，这是错误的。至于南宋修内司官窑，明明是邵成章袭故京遗制所烧的青瓷，那更是间接的因袭临汝窑的技巧。所以如果以为中国烧造青瓷达到了最高峰的是北宋的大观官窑以及南宋的修内司官窑，那是昧于事实的说法。

同时还有一种错误的见解，以为官窑所烧制的，一定超过民窑的制作，因此几乎把一切的创获与成果都说成是统治阶级所倡导的结果。其实官窑烧制成功，不计工料，不计成本，虽是一个相当重要的因素，但是获得此种优良成品的唯一依赖，却是劳动人民的智慧与经验。

在这时期南方的龙泉窑，一方面在它原有的基础上不断提高，一方面吸取了北方烧造青瓷的丰富经验，因而龙泉的窑场，形成全国最大的窑业中心（就现在调查到的古代瓷窑遗址说，以龙泉的范围为最大）。它在烧造青瓷上的成就及影响，远过于临汝窑，临汝窑由于所处的时代（北宋）和环境（北方）的缘故，随着当时北方的混乱局势而毁灭了，后来又没有复兴的机会，因此它的成就及影响，只能及于宫廷间的应用。

龙泉则大不然，由于南宋财政非常困难，所以奖励对外贸易，以海舶所入为国家重要的来源，瓷器就是中国输出海外的主要物品。到了嘉定十二年（公元一二一九年）规定凡买外货以绢帛锦绮瓷为代价，不用金银铜铁（见《宋会要》），瓷器为作价交换海外输入的物品之一，所以龙泉瓷器的需要量就更大了。一直到明初郑和七次下西洋，龙泉瓷器还是占着重要的位置。当然在那时候景德镇的青花瓷器是与龙泉并重的。郑和以后，虽说一个时期有"寸板不得下海"的禁令，可是终明之世，龙泉瓷器依然为对外输出的重要物品。龙泉瓷器由于大量输出，因而对世界的影响不下于后来的青花瓷器，这是我国青瓷在充分掌握了烧造的技巧以后所发生的对外影响。

青釉器技术上的成就，大致经过是这样，但是促成它获得这种成就的社会经济背景又怎样呢？

我们知道釉陶的传世，得于墓葬中的明器。汉代釉陶已有许许多多的种类，如黄绿釉的谷仓、房舍、井、灶等等，那都是低火度烧成的。高火度的尝试，从现存的实物看来，是在东汉末期开始的。到了三国的吴以至西晋的统一，明器的制作种类比之汉代尤为繁多，同时需要的器物，已不是低火度的釉陶所能供应，于是高火度的青釉半瓷质的物品就大量出现。

此种半瓷质青釉器的陆续发现，也就增加了我们对于那个时代人民实用器物的了解。"瓷"之一字，也就在这个时候产生了。晋潘岳《笙赋》所谓"倾缥瓷以酌酃"，酃是一种美酒，缥瓷就是一种淡青色的瓷器（当时所称的瓷）。晋杜毓《荈赋》有"器择陶拣，出自东瓯"。荈是茶之晚取者。《三国志·吴志·韦曜传》里有"密赐（曜）茶荈以当酒"。可见当时茶酒的盛器，都需要此种半瓷质的青釉器。而喝茶的风气，到了南北朝更甚，《洛阳伽蓝记》中就屡屡道及"茗饮"的事情。由六朝而隋，而唐，经过长期的混乱局面，至此社会恢复了安定，随着农业的发展，手工业也日益发达起来，例如纺织、漆器、雕刻、制茶，以至掌握在封建政府手里的造船、建筑等等手工业，都呈现空前的蓬勃气象。陶瓷手工业自然也不能例外，因而它的造形同色釉，都提高了一步。

唐代官营手工业的编制，比前代庞大整齐，而陶瓷手工业的分工，也比前代细致得多。当时由于限制用铜，许多本来用铜制作的日常用具，就用陶瓷来替代。即以唐代早期的白釉邢瓷来说，李肇《国史补》里有"凡货贿之物侈于用者，不可胜纪，丝布为衣，麻布为囊，毡帽为盖，革皮为带，内邱白瓷瓯，端溪紫石砚，天下无贵贱通用之"的记载，可见当时白瓷瓯应用之广。后来越窑的青釉器，除了陆羽《茶经》的品评以及一般文人的歌咏以外，在当时，实为人民所喜爱而被广泛应用的器物。由于此种物品为广大人民所需要，它的生产量增加了，制作技术也提高了，越窑青釉器的享盛名于全国，决非偶然之事。

同时此种陶瓷器已成为一种重要的商品生产，我在《曲阳县志》卷十一里曾找到大周五子山禅山院长老和尚舍利塔的立碑人姓名中，有"□□使押衙银青光禄大夫检校太子宾客兼殿中侍御史充龙泉镇使钤豁瓷窑商税务使冯翱"的一段题名（碑石立于五代后周显德四年二月，公元九五七年），是值得注意的。到了宋代，据《曲阳县志》记载，在后唐明宗天成元年（公元九二七年）乡贡进士马夔重修五子山院，碑面的右侧，有宋徽宗宣和二年（公元一一二〇年）中山府贩瓷器客赵仙重修马夔碑记的一段记载，这都可以证明当时陶瓷已经成为一种重要的商品了。

本来就宋代的情况看，封建的社会经济已达到高度的水平，而手工业的生产，以它的组织说，比之唐代，分工更细，并且规模更大，技术也更加提高。瓷器——尤其是青釉器——在这种情况之下，也比唐代的制作有更大的进步。到了南宋时期，虽说是个偏安局面，但是南方的手工业有显著的发展，因而龙泉的青瓷飞跃进步，成为对外输出的重要物品之一。明代初期，把元代的固定编制的匠户解放出来，分别为住坐及输班两种，因此工匠可以利用自己的时间创制成品，向市场出售，这在技术改进方面起着一定的刺激作用。不过中间经过了女真及蒙古的南侵，许多城市遭到摧残，所谓"搜山检海"之后，继之以焚烧屠杀，道路榛塞，炊烟断绝，因而当时经济文化的发展受到阻滞。这就是临汝窑在南渡以后，再也不能恢复起来的原因。

最后还要一提的，就是中国的瓷器是以铁的还原的烧成为发展的第一步，此种在技术上所获得的成功，它的光芒永远照耀着整个陶瓷历史，永远成为中国陶瓷发展史上优良的传统之一，碧玉般海水般的色釉，不仅自古以来为谈瓷者所艳称，就是在今天也仍为世界上爱好我国瓷器的人所喜爱、所仰慕、所追求。这种色泽那样静穆，具有一种柔和淡雅的风格，因而这种色釉的烧成，成为我国陶瓷史上最光辉的一页。

《越器图录》选

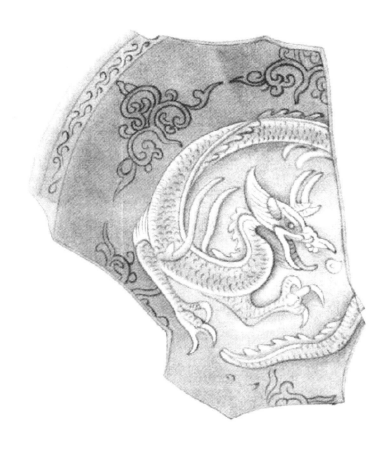

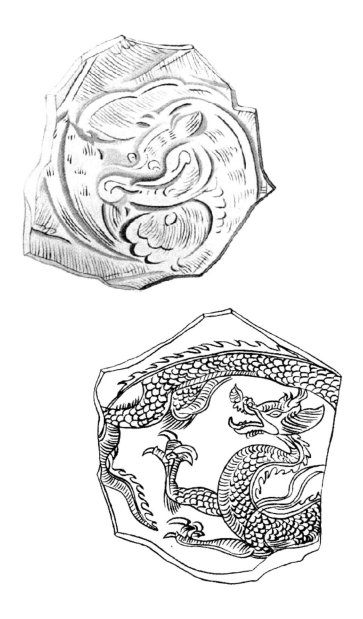

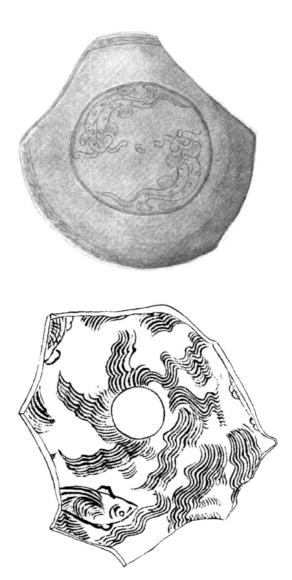

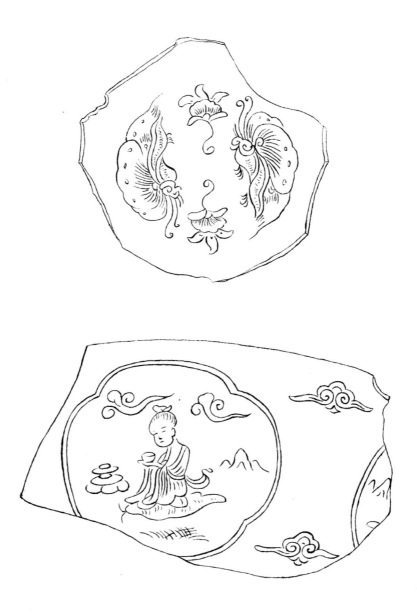

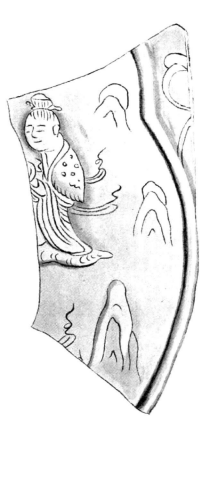

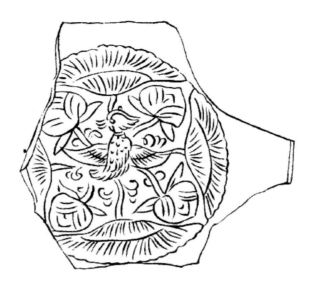

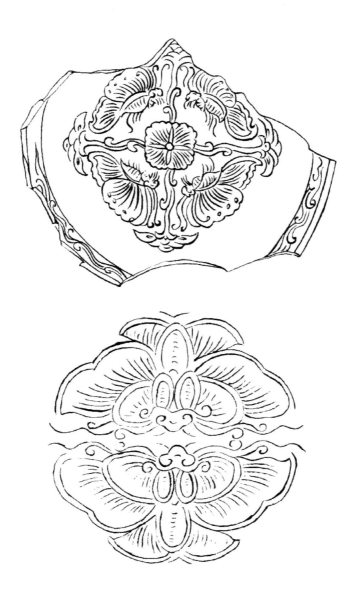

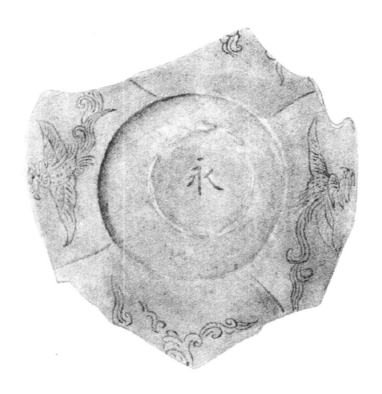

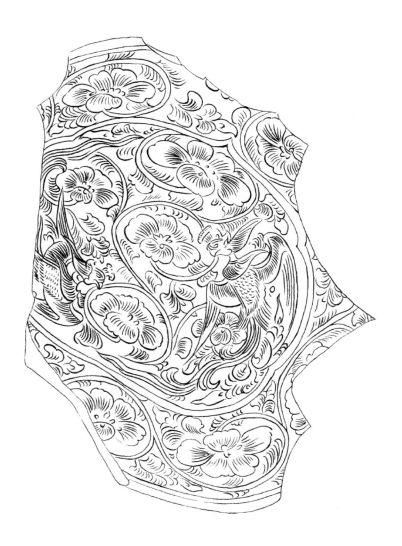